Omul nu se va mai schimba în istorie datorită factorilor externi, ci datorită mutațiilor morale.

F.M. Dostoievski, *Jurnal de scriitor*

1

Aiud, 18 noiembrie, 1960. Dimineața, la ora cinci fără cinci, pe cînd se pregătea schimbarea gărzilor, un gardian a observat pe zăpada proaspătă, căzută peste noapte, urme de bocanci care veneau dinspre gardul de sîrmă ghimpată și care duceau spre pavilioanele deținuților. Urme pe zăpadă se mai găseau, evident, dar ciudățenia mare era că aceste urme veneau dinspre gard fără să existe și varianta deplasării persoanei dinspre pavilioane spre gard. A analizat, a privit jur-împrejur, s-a scărpinat în cap încurcat, dar nu a găsit vreo explicație. Urmele arătau de parcă cineva ar fi trecut peste gard din afară spre înăuntru și apoi ar fi intrat în pavilionul înțesat cu deținuți.

Urmele erau clare și erau pe o porțiune aproape neatinsă de alte urme. Lucrul în sine era greu de explicat, mai ales că nimeni, dar absolut nimeni de pe lumea asta nu și-ar fi dorit să fie înăuntru, într-o închisoare de politici. Gardianul se numea Crețu și era poreclit de colegi Cocoțoi, pentru că dansase odată pe spinările unor deținuți, pe care îi aliniase pe jos, cu burțile pe ciment și își făcuse damblaua lovind cu călcîile spinările lor încordate, într-un ritm care sugera o bătută de prin părțile Dejului, de unde acesta provenea. Dansul se numea *cocoțoi* și era un amestec de mișcări sacadate, pe călcîie, din dansurile maghiare, alternate cu răsuciri pe vîrfuri dintr-un joc românesc, executat, de obicei, în perechi mixte. De ce se numea *cocoţoi*? Nu avea nicio explicaţie, probabil că era o denumire locală, apărută în folclorul zonei dintr-o inspiraţie de moment a vreunui animator. Cert e că deţinuţii icneau sub greutatea gardianului, scrîşneau din dinţi, le ieşeau ochii din orbite, de durere, coastele plesneau, coloanele vertebrale păreau nişte becisnice alcătuiri de oase fără nicio consistenţă. Ceilalţi gardieni acompaniau dansul bătînd din palme, simulînd şi ei mişcările dansatorului. După trei, patru minute de dans înfocat, vreo patru deţinuţi nu se mai ridicară de jos, a trebuit să-i împungă cu bulanul de cauciuc pe care îl purta la brîu, să îi convingă să nu se mai dea victime după un nevinovat moment coregrafic. Ceilalţi deţinuţi i-au preluat şi i-au dus în dormitor, tîrîndu-i. „Mama lor de bandiţi!", spusese el atunci. Şi într-adevăr, a doua zi bandiţii erau întregi, se tîrau pe picioarele lor, fără ajutor.

„Aşa, deci...? Jucaţi teatru?", le spuse el, împungîndu-l pe unul cu un deget încordat în coaste. Deţinutul a urlat de durere. „Bine, bă, vită, că mai simţi ceva, mama ta de bandit...!".

Acum, însă, situaţia era încurcată. Urmele continuau să rămînă pe zăpadă, mute şi pline de subînţeles. Să le neglijeze? Dacă erau parte dintr-o diversiune? Adică cineva, din sistem, încerca să-i verifice vigilenţa...? Posibil, se mai întîmplase. Cu un an în urmă sosise la penitenciar un camion încărcat cu carne de vită şi cal, în amestec, pentru hrana deţinuţilor. Peste noapte o împărţiseră între ei, caralii şi cei din administraţie, în cea mai mare parte, mai şi vînduseră cîteva zeci de kilograme unor localnici, ca să facă şi un ban de buzunar. A doua zi dimineaţa însă sosi o mașină a Securității și doi ofițeri puseră sigiliu pe magazia de alimente și făcură un inventar fulger. Carnea lipsea. Șaisprezece persoane, în frunte cu administratorul penitenciarului, luară drumul Tribunalului popular, după care au fost și ei închiși, întîi la Baia Mare, apoi la Sighet, apoi la Pitești, iar o parte ajunseseră la Aiud. Se întorseseră acasă, cum s-ar spune. Mai mult, după ce vinovații fuseseră pedepsiți, se află și misterul întîmplării: camionul cu carne nimerise din greșeală la penitenciar, el ar fi trebuit să ajungă, de fapt, la popota unității de Securitate de la Baia Mare, iar la penitenciar trebuia să ajungă un transport de arpacaș invadat de gărgărițe, dintr-un depozit militar. Se întîmplase invers. Cel care făcuse încurcătura fusese arestat și el. Și șoferul care făcuse cursa, care recunoscuse la interogatoriu că și el luase un pachet cu carne, a fost arestat. Și paznicul care dăduse drumul camionului pe poartă, de la depozit, fusese arestat. Și cel care cîntărise carnea fusese arestat. Și șoferul care dusese arpacașul la cantina Securității fusese arestat.

Dacă analizai mai bine lucrurile și dacă puneai cap la cap declarațiile lor, obținute la anchetă, puteai deduce că totul fusese aranjat după un plan bine pus la punct, amănunt cu amănunt. Bandiții pofteau la carne, mama lor...! Ei, atunci, el, Cocoțoi, avusese inspirația să nu ducă pachetul de carne acasă, nici să-l ascundă în vestiar, ca mai toți ceilalți, ci l-a lăsat undeva într-o sobă metalică părăsită, într-un fel de *peghebe*, cum se mai numesc bucătăriile de campanie, în care se mai făcea mîncare vara, cînd se curățau plitele cele mari, de la bucătărie. Din pricina asta, nici cînd s-au controlat vestiarele, nici cînd i-au percheziționat casa, nu i-au găsit nicio ciosvîrtă de carne. Au fost puțini cei care au scăpat. Atunci, pe moment, un ofițer din trupele Securității a spus că totul a fost o înscenare, ca să vadă gradul de loialitate, de moralitate, de atașament la politica partidului, că a fost o verificare a personalului. Și ei, în cea mai mare parte, nu rezistaseră. Erau elemente declasate, erau niște „împuțiți de burghezi" gata să trădeze cauza...!

Iar carnea ascunsă în soba părăsită, în acel *peghebe*, se stricase, multă vreme a emanat miasme fetide de hoit. Cocoțoi nu avea curajul să spună nimic, trecea prin dreptul plitei părăsite cu pas ferit, nimeni nu bănuia de unde vine duhoarea, putea fi a gropii de gunoi din preajmă. După ce viermii și-au făcut treaba, rămăseseră doar oasele pe care le-au descoperit, vara, deținuții trimiși să spele plita. Nu au putut recupera nimic de pe ele.

Și acum aceste urme care, culmea, veneau dinspre gard...! Cocoțoi nu ar fi putut să vadă dacă aceste urme se continuau și în afara unității, el însuși nu putea să iasă din curtea penitenciarului în timpul programului dacă nu primea acordul șefului de tură sau al altcuiva cu grad mare. De asta, nu putea să-și dea seama dacă urmele veneau de undeva dinspre oraș, cine mai știe...! Să anunțe, la schimbare de tură, că descoperise aceste urme ciudate? Cum să o spună, ca să nu intre el în bucluc...?! Adică cineva se plimbase prin curte fără să fie observat? Să se prefacă că nu le-a văzut? Dar dacă era o nouă încercare, o verificare pusă la cale de Serviciul de Securitate? Hai, să zicem că ar fi urmele unui alt gardian, care s-ar fi dus la gard, să verifice ceva sau din plictiseală, ciudățenia era că nu exista perechea de pași, cu dus-întors.

În interior se auzeau zgomotele surde, ale programului de dimineață. Rutina zilei. Se făcea sectorul, se scoteau tinetele, deținuții făceau mișcările de dezmorțire. În cîțiva metri pătrați, dacă nu se organizau bine, dacă nu își armonizau mișcările, nu reușeau să își miște toți oasele amorțite de pe scîndurile tari ale dușumelei. De asta, de obicei se mișcau în cerc, într-un ciudat dans care părea să fie un marș spre un orizont neatins. Sau de neatins.

Cînd a sosit, la ora șase punct, adjunctul penitenciarului, Mustea, un fost colonel acum degradat pentru un viol, din cîte se spunea, asupra unei cumnate, Cocoțoi se prezentă la raport. Cu glasul gîtuit de emoție și frică îi povesti acestuia despre urmele ciudate care apăruseră pe zăpadă. Mustea, care băuse cu o seară înainte un litru de țuică tras din borhot de sfeclă de zahăr, simțea în gît efectul unei frecții cu o perie de sîrmă iar în cap auzea tropotul unei cirezi de bivoli în călduri. Îi era rău, așa că după ce îl ascultă pe Cocoțoi, pe care nici nu îl vedea prea bine printre genele lipite cu un fel de albeață scursă, închegată la marginea pleoapelor, bău o cană de apă din găleata aflată la îndemînă. Apoi, ca și cum s-ar fi trezit, îl puse pe Cocoțoi să mai raporteze o dată. Nu îl crezu pe gardian, așa că a trebuit să meargă să verifice. Da, urmele erau limpezi, veneau dinspre gard, intrau în pavilion și de acolo cine știe unde se duceau...

Primul impuls a fost să înjure și să-l trimită pe gardian la dracu' cu descoperirile lui, dar își dădu seama că putea fi și o capcană întinsă de cineva, mulți îi pîndeau locul, funcția, în vremurile astea granița dintre datorie și vinovăție era foarte îngustă. Se trezi, gustul dulce de sfeclă îi produse un rictus hidos și îl făcu să se cutremure ca zgîlțîit de un șoc. Și atunci se decise, pentru a mia oară, să se lase de băut pentru totdeauna. Era una dintre obișnuitele sale decizii de peste zi, care îi întărea moralul și îl trezea oarecum. Disimula și se simțea mai stăpîn pe sine și pe situație.

Cocoțoi îl privea cu speranță și teamă. Privirea umilă și speriată a gardianului îl convinse pe Mustea că nu are de-a face cu o diversiune. Îl luă pe Cocoțoi și ieșiră afară din curtea penitenciarului. Da, urmele veneau de undeva dinspre oraș, erau limpezi, trecură prin gard fără prea mult efort, o mică ezitare doar, existau cîteva unghiuri ale pașilor care păreau să facă un efort, ca să se strecoare peste sau prin gard. Gardul era triplu: un prim gard din beton, rîndurile doi și trei fiind din sîrmă ghimpată, bine țesută. Gardurile aveau peste patru metri înălțime, așa că nu puteau fi trecute de cineva fără un echipament adecvat. În plus, în foișoarele de la înălțime vegheau santinelele, militarii, care erau dintr-un corp separat de cel al gardienilor. Mustea se trezi de-a binelea.

Cînd sosi comandantul lagărului, la ora șapte și treizeci de minute, ieși el la raport. Comandantul, Geangu, un oltean din Slatina, fost ofițer în armata română, dezertor de pe Frontul din Est, ca individ care considera *nejust războiul contra fraților din uresese*, în fapt dezertor fără nicio motivație ideologică, dar care știuse *să se scoată*, a verificat el însuși urmele. Era adevărat.

Îi chemă imediat la el pe toți șefii de tură, pe șefii de la paza penitenciarului, pe toți gardienii. O parte veniră de acasă, au fost smulși din somn. Situația era gravă, totuși. Erau, în sala de ședințe, vreo sută de persoane. Mulți habar nu aveau de ce au fost convocați, numai că erau obișnuiți cu alarmele, cele mai multe false, așa că nu puneau întrebări. Așteptau să treacă exercițiul, ca să plece la treburile lor. Intraseră în rutină aceste convocări.

După vreo jumătate de oră de așteptare însă, înțeleseseră că situația e de fapt mai încurcată. Vreo evadare? Vreo tentativă de evadare? Vreun control de la Centru? Vreun control de la organizațiile din străinătate, cele care se ocupă cu drepturile omului? Orice părea să fie adevăratul motiv al adunării acesteia matinale.

Niște urme?

Ce urme?

Ale unei persoane care intrase peste gard în incintă...? Vreun nebun? Că numai un nebun...!

Nu, nu observaseră. Ei păzeau să nu fugă cineva din interior, din celule, nu să nu intre cineva înăuntru, lucru cu care nu se mai confruntaseră niciodată.

Bun, dar dacă cineva, o persoană, a intrat în interior și nu a mai ieșit, înseamnă că mai este încă înăuntru...! Să se treacă imediat la numărarea deținuților. Dar *i-me-di-at*...! Asta o spusese Geangu, comandantul, la sugestia șefului cancelariei, Heghedus. Aveau la dispoziție cincisprezece minute. Doar cincisprezece minute...!

În acest timp Geangu, însoțit de cîțiva gardieni, trecu la analiza urmelor. Erau urme de bocanc, dar nu de bocanc de gardian sau de ofițer. După mărimea urmelor, intrusul purta numărul patruzeci și unu, hai patruzeci și doi, la bocanci. Nu era prea greu, așa că urmele nu erau profunde, cred că nu are mai mult de cincizeci și cinci, cincizeci și opt de kilograme, spuse comandantul. Ce e ciudat, spuse tot comandantul, e că nu există niciun fel de precauție din partea individului, sînt porțiuni prin care își tîrăște picioarele, ca și cum s-ar fi jucat prin zăpadă. Pe deasupra mai e și obraznic.

Între timp sosiră gardienii, gîfîind. Își făcură treaba. Nu, nu lipsea nimeni din penitenciar, niciun deținut.

Nu, nu fusese depistat niciun element în plus, niciun deținut nou, de care să nu știe. Acolo, înăuntru, laolaltă gardieni și deținuți, ajunseseră să se cunoască, să se compătimească uneori reciproc. E posibil, de altfel, ca în multe cazuri niciunul să nu fi dorit să-și schimbe soarta cu a celuilalt, din tabăra adversă.

2

Pentru că lucrurile generau deja discuții, presupuneri, un soi de folclor de pușcărie și ca să evite cine știe ce turnătorie, comandantul Geangu decise că ar fi cazul să anunțe undeva la Centru întîmplarea. Un lucru pasat pe scară ierarhică în sus l-ar fi scutit de orice consecințe. De asta, după discuția furtunoasă și inutilă din sala de ședințe, se decise să-l sune pe colonelul Șoavă, de la Centrul regional de Securitate. Poate că dacă nu ar fi provocat ședința aceea, inutilă, dacă nu ar fi stîrnit toată tevatura și ar fi mușamalizat cazul, acum lucrurile ar fi intrat în normal. Poate că, în același timp, lucrurile nu erau chiar așa de grave iar cei de la Centru vor crede că își bate joc de ei, cu așa problemă neserioasă: niște urme pe zăpadă...!

La ora 9 și 10 minute sosi un camion militar, cu prelată kaki, din care coborîră vioi vreo douăzeci de militari care, în pas alergător, se aliniară la poarta închisorii. Aveau pistoale mitralieră cu pat rabatabil la piept, aveau căști metalice pe cap, la șold le atîrnau trăiști de culoare verde închis în care zăngăneau niște unelte potrivite pentru un asalt prelungit. Toți erau tineri, tineri, dar lecția războiului proaspăt încheiat fusese bine însușită de ofițerii lor. Militarii se oferiră să păzească obiectivul.

Care era obiectivul?

Urmele de pe zăpadă, le spuse ușor jenat comandantul Geangu.

Tinerii nu puseră, însă, întrebări și se aliniară de-a lungul șirului de pași de pe zăpadă, frămîntînd restul curții cu cizmele lor cu multe blacheuri metalice.

La ora 9 și 45 de minute sosi un alt camion, învelit cu o prelată neagră de astă dată și din el coborîră vreo zece indivizi îmbrăcați în haine scurte de piele, cu niște pistoale TT care le atîrnau la șold și cu berete din pînză neagră pe cap. Erau luptătorii Securității, care înfruntaseră inamicii regimului din munți, un fel de trupe antitero în fața cărora nu exista obstacol de netrecut. Aceștia împînziră penitenciarul, pe care păreau să îl știe în amănunt, așa de profesionist se comportau în teren. Pe gardieni îi tratau ca pe niște biete slugi de pușcăriași, privirile lor reci, care nici nu păreau să clipească, treceau prin om ca un fascicul de raze printr-un pahar de apă. Nu-i interesau urmele de pe zăpadă, ei voiau doar să imprime un frison de panică între cei prezenți.

La ora 10 și 10 minute, un elicopter ateriză în preajma închisorii, pe un teren viran, iar din el coborî însuși colonelul Șoavă. Era un bărbat uscățiv, cu amprenta unei suferințe nedefinite pe chip, poate că era vorba de un ulcer care îl tăia cu durerea peste mijloc. Aplecîndu-se puțin în față, colonelul Șoavă salută pe toată lumea, bătînd imperceptibil din călcîie.

Întrebă de probe...!

Probe? A urmele de pe zăpadă? Da, da..., bîigui comandantul Geangu. Soarele se înălțase destul de bine și deși afară încă temperatura era sub zero grade, urmele de pe zăpadă se subțiau. Acum, cînd se făcuse lumină, lui Geangu i se făcu rușine de toată tevatura pe care o stîrnise. Oare nu o să i se impute așa mișcare de forțe, de efectiv, de mijloace pentru un lucru fără importanță? Oare nu căzuse în plasa fals conspiraționistă a subalternilor săi? Adică ajunsese să-i creadă pe bețivanul de Mustea și pe mincinosul de Cocoțoi? Simțea că situația sa era în pericol.

Colonelul Șoavă se aplecă peste urmele de pe zăpadă păzite de militarii care luaseră în pază obiectivul. Mîna înmănușată mîngîie o urmă, un deget împunse în adîncime altă urmă. Un aer de profesionist preocupat de citirea în urme pe zăpadă i se citea pe chip. Parcă se străduia să citească pînă în sufletul celui care pășise pe acel petec de zăpadă, ochii mijiți prelucrau date numai de el știute. Conectat la tensiunea momentului, la situație, comandantul Geangu se trezi întrebînd:

— E grav?

— E dată dracului situația, comandante, spuse, rar, colonelul Șoavă. E mai gravă decît credeam. Dacă ar fi evadat un căcăcios de deținut, îl prindeam în două zile, îl ciuruiam și gata. Te trimiteam pe dumneata la batalionul disciplinar al cadrelor, mai azvîrleam zece în pușcărie, dintre gardieni și gata. Dar așa? Aici e un semn limpede de înfruntare pe care și-o permite cineva care se joacă cu noi. Aceste urme sînt o declarație de război...!

Comandantul Geangu respiră ușurat. Nu situația în sine, gravitatea ei, îl interesa, ci faptul că nu stîrnise atîta tevatură degeaba. Da, colonelul Șoavă găsise că situația e gravă, că el, Geangu, avusese dreptate să raporteze. Își făcuse datoria și era mulțumit. Îi iertă în gînd pe bețivanul de Mustea și pe pramatia de Cocoțoi. Nici la deținuți nu se mai gîndi cu acea ură profesională pe care i-o stîrneau în fiecare zi. Da, el trebuia să îi urască, ura era trecută în fișa postului. Și trebuia să se comporte cu ei ca și cum fiecare gest îi era dictat de ură. Acum, cînd îl văzu pe colonelul Șoavă stînd pe vine în fața urmelor de pe zăpadă, dînd din cap cu gîndurile departe, deținuții nu i se mai părură niște bestii bune de zdrobit, le recunoscu oarece calități umane. Dacă reacționau la sistemul de detenție, înseamnă că puteau fi luați în seamă ca ființe raționale. Puteau fi dresați, cu oarece perseverență.

3

În acea zi deținuții nu au mai fost scoși la plimbarea de un sfert de oră care li se cuvenea, conform Regulamentului. Din oră în oră se deschideau ușile grele, metalice, scîrțîitoare ale celulelor și erau numărați. Iar și iar. Această repetată numărătoare plus eliminarea plimbării din program îi făcură să creadă că vreunul dintre ei evadase. Și-au transmis întrebarea prin ciocănituri în perete, din celulă în celulă, iar la sfîrșit descoperiră că nu, nu evadase nimeni. Nici măcar nu încercase cineva, ei ar fi fost primii care să o știe. De asemenea, nimeni nu știa de ce se fac aceste repetate apeluri, ce e cu îngrijorarea din atitudinea gardienilor.

— Poate vin americanii!?, sugeră un deținut în alfabetul Morse.

Răspunsul îi veni de departe, tot în același limbaj:

— Americanii ne-au vîndut rușilor pe o sticlă de vodca și trei boabe de icre la Yalta...!

— Churchill e un porc, vibră în perete un alt mesaj.

— Da, dar Hrușciov e o turmă...! se amplifică răspunsul.

Mai mult, la cină deținuții primiră o porție de orez fiert cu cartofi, cantitatea era vizibil mai mare decît de obicei. Iar în ceai se ghicea dulceața zahărului.

— Cred că Europa se interesează de noi, transmise cineva prin pereți.

— E o comisie care va lua fiecare caz în parte, cei nevinovați vor fi eliberați...

— Dar cine e vinovat aici?

— Rușii s-au înțeles cu americanii să elibereze toți deținuții politici contra deschiderii tehnologice către lagărul socialist...

— De unde știi...?

— Am eu informațiile mele, am și eu sursele mele...

— Ai pe naiba...!

4

Colonelul Şoavă a plecat după ora unu, cînd din urmele de pe zăpadă rămăseseră doar nişte nevinovate amprente lichide, care nu mai arătau niciun sens al paşilor. La plecare i-a spus comandantului Geangu:

— Sper să pot să nu te înfund prea tare...!

— De ce aţi face-o?, întrebă comandantul.

— Pentru că într-o închisoare de politici, în care fantomele se mişcă după bunul plac prin curte, cineva trebuie să plătească. Şi pînă prindem fantoma, trebuie să stăpînim situaţia. Şi vîntul dacă mişcă prin curte de capul lui, cineva trebuie să o ia pe cocoaşă...!

5

Comandantului Geangu i se puse un nod în gît și multă vreme după plecarea colonelului Șoavă avu senzația de sufocare.

— Ah, cît de ușor poți să mori!, filosofă el în fața secretarului său, Hegheduș, un ungur de treabă care era de toate pentru comandant, de la dactilograf, la paznic, de la combinator în relațiile șefului său cu superiorii, la șofer atunci cînd Geangu nu voia să i se cunoască ieșirile sale în locuri cu grad sporit de intimitate, cum le numea chiar el.

Hegheduș îl aprobă, da, într-adevăr, se moare ușor, văzuse atîtea cazuri, mai ales de cînd lucra la penitenciar, dar situația aceasta, de acum, nu este una atît de disperată. După părerea sa, topindu-se urmele de pe zăpadă, probele dispăruseră iar colonelul Șoavă nu va putea face raportări care pot să pară, de acum înainte, fanteziste.

— Da, îi răspunse Geangu, dar există un nivel la care nu probele contează, ci raportările, principiile. Aici, jos, într-adevăr, lucrăm cu amănunte, în viermuiala noastră orice contact are concretețea lui. Dar la un anumit nivel se lucrează cu numere mari, se lucrează cu idei, acolo se vorbește în numele unei revoluții care nu a fost dusă pînă la capăt, care este în curs. Și de la acel nivel sînt sacrificate amănuntele, indivizii sînt minuscule piese pe o tablă de șah mare cît lumea. Cînd joci șah, de exemplu, te interesează emoția unui pion sacrificat într-un schimb de piese? Nu. Ei, tot așa, nu interesează, în numele unei revoluții, sacrificarea unui individ. Da, colonelul Șoavă va raporta la București că la Aiud, noaptea, au fost depistate niște urme suspecte în curtea închisorii, că el a anchetat cazul, că nu s-a găsit un vinovat cert... Iar vinovatul cert devine, în ochii Centrului, comandantul închisorii, el, Ilie Geangu. Că e vorba de urme pe zăpadă? Că e vorba de scris lozinci antipopulare pe gardurile închisorii? Că e vorba de vreo evadare? Vinovat e comandantul. Își mai amintește el, Heghedus, de evadarea din 1952? Atunci trei deținuți, care lucrau într-un atelier de tîmplărie, reușiseră să întrerupă curentul în întreaga închisoare, noaptea și se furișară peste zid. Au fost prinși, au fost condamnați la moarte, dar vinovat a fost găsit comandantul Dorobanțu, care și-a pierdut funcția. Ca pe o măsea stricată l-au scos din sistem după ce slujise cu atîta devotament cauza...! Auzise că Dorobanțu s-ar fi sinucis mai apoi, dezamăgit, după ce începuse să bea ca să uite. Unii au spus că i se activase conștiința, că îl măcina, alții au conchis că era vorba doar de o apucătură genetică, toți din familia lui muriseră beți în șanț.

— Am vorbit de toate, spuse Heghedus, dar nu am lămurit, totuși, de unde ar fi putut să provină urmele. E limpede că nu sînt de la gardieni. E limpede că nu sînt de la personalul administrativ. Mai rămîne să vedem în ce măsură vreun deținut ar fi putut să facă acele urme. Poate e vreun somnambul, că altfel nu se explică. De asta, ar trebui să facem o anchetă discretă printre deținuți. E posibil ca acolo să fie ceva, ceva... Dacă descoperim cine a făcut acest lucru, atunci evităm și neplăcerile, în cazul în care colonelul Șoavă ar raporta la București.

Comandantul Geangu găsi bun sfatul. De asta decise să-i cheme pe toți șefii de schimb, ai santinelelor și ai gardienilor. Le-a amintit datoria lor față de patrie. Le-a amintit datoria lor față de penitenciar, ca univers al confortului lor, al bunăstării lor. Le-a amintit, apoi, de datoria lor față de el, cel care îi ține de atîția ani închizînd ochii la una, la alta, angajîndu-le rudele.

Dacă ar veni altul, acum, lucrurile ar lua întorsături neprevăzute. De asta le cerea să descopere, urgent, ale cui erau urmele. Era important, era decisiv pentru toată lumea.

6

Noaptea a nins din nou. Nu mult, dar îndeajuns cît să împrospăteze curtea mohorîtă a închisorii. Întîmplările din ajun modificaseră ceva din comportamentul gardienilor care nu mai depuseseră atît de mult zel în programul de seară-noapte al închisorii. Banditii stăteau în așteptare, știau prea bine că fiecare slăbiciune de moment ascunde o și mai mare ofensivă a caraliilor. Dimineața gardianul Maluț alergă la șeful de tură cu o veste care avu efectul unui trăsnet: Urmele au apărut din nou! În același loc, în același sens. Erau ca o replică fidelă a celor de ieri.

Adjunctul comandantului, Mustea, înmărmuri la auzul veștii.

Comandantul Geangu își duse mîna la inimă, i se păru că se oprise.

Au analizat urmele: erau la fel, depășeau gardul ca pe nimic, ajungeau la intrare în pavilionul doi, pe ciment nu se mai distingeau pașii. Dar ar fi putut ajunge la oricare alt pavilion, pentru că exista o bordură de ciment între acestea, acoperită, care comunica cu toate pavilioanele.

Heghedus îl găsi pe Geangu cu capul între palme, la birou.

— Vă e rău?

— Nu, crăp de bine...!

Să-l anunțe pe Șoavă? Ar fi însemnat să-și semneze pe loc actul de condamnare.

Să ascundă faptul? Ar putea fi încadrat la complicitate.

Să se prefacă, cumva, că nu bagă în seamă reapariția urmelor? Vreun turnător din mulții care îl pîndeau, din preajmă, ar fi putut să-l toarne la superiori.

Viața de dimineață a închisorii se desfășura după toate regulile. Se auzeau zgomotele înfundate ale ușilor de metal care se trînteau, ale zăvoarelor care se închideau, ale pașilor gardienilor, ale deținuților... O oarecare intimitate tihnită se simțea în atmosfera aceea de iad, dar acolo unde regulile se respectă, chiar și cel mai rău lucru are un aer suportabil.

La ora 8 începea plimbarea zilnică a deținuților. Dura cîte cincisprezece, douăzeci de minute și se desfășura după anumite reguli. Erau scoși deținuții din cîteva celule, pe rînd, mișcarea se făcea în cerc, la distanță de opt pași unul de altul, să nu poată comunica nici într-un fel. În dimineața asta comandantul Geangu se decise să urmărească el însuși plimbarea. Voia să-i vadă pe deținuți, să-i privească în ochi, să ghicească, poate, care era cel care se plimba noaptea prin curte, nevăzut, trecînd fără să fie simțit peste garduri – sau prin garduri? – atentînd, practic, la libertatea lui, a comandantului. Dacă l-ar ghici, dacă l-ar descoperi, l-ar ierta. Avea, în acele momente, în suflet o mărinimie care provenea dintr-o oboseală sufletească. Era lipsit de energie și de voință.

Deținuții treceau prin fața lui ca niște umbre care tîrau greu, greu, după ele, un trup de pămînt. Parcă înotau prin aer, parcă mergeau cu încetinitorul. Geangu le căuta privirile, dar umbrele acelea îl ignorau ca purtate de lucruri interioare, își mișcau picioarele ca și cum ar fi rupt cu ele dune de nisip. Din cînd în cînd tresăreau, cînd gardienii îi împungeau cu bastonul de cauciuc în spate, fie grăbindu-i pe unii, fie temperîndu-i pe alții, ca să nu-i ajungă pe cei din față. Distanța de opt pași trebuia păstrată.

După ce două schimburi de deținuți își făcură plimbarea, împinși brutal în celule de gardieni, comandantul Geangu își dădu seama că nu va afla mare lucru de la aceștia, că își pierde timpul de pomană. Împinși în celule, deținuții își vor continua mișcarea, se vor învîrti multă vreme în cerc. Pentru că în celule nu aveau voie să stea pe pat, nu aveau voie să doarmă, nu aveau voie să vorbească între ei decît în șoaptă. Orice încălcare de consemn se pedepsea cu izolare la Zarcă. Și acolo era exterminare pe față...! Lui Geangu îi răsunară în cap, ca ivite din drojdia memoriei, cuvintele lui Mustea: Nu trebuie lăsați nici să doarmă, ca să nu fugă din realitate. Să le dăm realitate, să le-o băgăm pe nas, pe gură, pe fund...! Să o simtă, mama lor de tîlhari! Nici să moară nu trebuie lăsați, că și asta e o fugă...!

Cînd ieși pe platou a treia grupă, comandantul Geangu făcu semn cu mîna unui deținut să se apropie. Acesta se opri o clipă din mers, îl privi pe comandant, după care își continuă drumul ca și cum nu ar fi înțeles semnificația acelui gest.

— Bă, te cheamă comandantul, banditule...! îi strigă un gardian.

Banditul ieși din rînd și rămase într-o poziție de așteptare neștiind ce să facă, cît să îndrăznească să se apropie. Gardianul se îndreptă spre el cu gîndul să-l plesnească, ca să-i dea un imbold și în același timp să-i reamintească care îi e statutul în acea conjunctură. Însă comandantul îi făcu semn gardianului să se oprească și îl îndepărtă cu un gest, apoi îi făcu semn deținutului să se apropie. Acesta se apropia șovăielnic, lipsit de vlagă. Întîi îi văzu bocancii, purta patruzeci și unu, patruzeci și doi poate...! Bocancii erau scîlciați, legați cu un capăt de sfoară la vîrfuri, să nu se dezlipească. Da, putea fi chiar el, de ce nu? Și ce ar fi să-l descopere din prima...? Fața îi era vineție, neagră, trupul schilod era înfășurat într-o haină de sac, aspră, pe care se mai ghiceau niște dungi verticale maronii, șterse de atîta folosință.

— Cum te cheamă?

— Mareș. Teodor Mareș...!

— De ce ești închis?

— Nu știu...!

— Nimeni nu e închis degeaba aici, deținut...! Glasul lui Geangu se întări, dar se abținu să fie prea dur.

— Poate că ai uneltit împotriva Statului și a ordinii sociale...! îi sugeră comandantul.

— Nu, Statul mi-a furat mie casa, cariera, familia...! El a uneltit împotriva mea. Eu l-am slujit ca ministru, o vreme, el m-a sancționat pentru că i-am fost loial.

Comandantul simți o enervare ușoară, dar se abținu.

— Bine, deținut, să zicem că e așa... Dar cum poți să faci o lume nouă cu mentalități burgheze, învechite. Istoria se grăbește, nu are timp să aștepte pînă ce se conving toți retrograzii de avantajele noului sistem politic. Mai degrabă sacrifici cîțiva indivizi, decît să sacrifici un popor. Așa cred...

Deținutul ridică privirea, îl privi pe comandant cu o milă care îl stîrni pe acesta, îl jigni. Dar nu se grăbi să reacționeze, își dădu seama că deținutul acesta ar putea să-i dezvăluie și alte lucruri, care îl interesau.

— Uite, vreau să te întreb ceva, spuse comandantul Geangu apropiindu-se de deținut ca și cum ar fi vrut să-i încredinţeze o taină. De ceva vreme sînt nişte urme ciudate prin curtea închisorii, unele pleacă peste gard, altele vin... Şi nimeni nu poate să spună despre cine este vorba, nu este semnalată nicio evadare, nu lipseşte nimeni la apel. Cum îţi explici acest lucru?

Deţinutul îl privi pe comandant cu interes, mai întîi. Apoi cu o grimasă de surpriză. Apoi cu oarecare dispreţ.

— Şi chiar dacă aş şti, cum vă imaginaţi că aş putea să-l demasc pe un semen...?! Niciodată.

Fără să-şi dea seama Geangu se apropie de deţinut cu gîndul să-l plesnească peste gură. O făcea instinctiv, un gest reflex în faţa unei înfruntări pe faţă. Dar cînd îi zări zîmbetul întins pe toată faţa, îşi dădu seama că pierduse în această confruntare. Aşa că, lăsă pumnul jos şi îi făcu semn deţinutului să-şi reia plimbarea. Acesta se puse în mişcare încet, ca şi cum ar fi pornit un mecanism uzat, care avea nevoie de un impuls interior aparte ca să o ia din loc.

7

Așa deci, se frămînta comandantul Geangu. Chiar dacă ar ști, nu ar spune...! Cine pupăza mamii lor se cred ăștia? Mă, îi legăm cu picioarele în butuci, să fugă cu butucul după ei. Îi băgăm pe toți în lanțuri, mama lor de bandiți. Îi belim de piele fîșie cu fîșie și punem sare pe ei...! Și atunci o să spună tot, tot, tot...!

Bulgărele de zăpadă o luase la vale, nu-l mai puteau opri. Trebuiau, însă, să descopere misterul urmelor.

Geangu îl chemă la el pe Mustea.

Da, lucrurile nu erau simple.

Da, realitatea o luase razna.

Da, adunarea aceasta de bandiți e vinovată de toate relele din lume.

Da, la Centru se vorbește de cazul de la Aiud, de faptul că prin curte apar urme și nimeni nu observă mișcările... E îngrozitor.

Da, vor fi urmări.

Da, s-a dus dracului binele!

Da, trebuie strînși cu ușa, cu menghina, cu cleștele de testicule, să mărturisească, mama lor de bandiți...!

Da, dar sînt încăpățînați...!

Da, dar...!

Da...!

Da...!

Apoi au fost chemați șefii de tură ai gardienilor, șefii de schimb ai santinelelor.

Apoi au fost chemați gardienii, paznicii, santinelele. Stăteau înghesuiți, umăr la umăr, livizi, în sala de întruniri a închisorii. Dacă ar fi tras cineva cu gloanțe spre ei, acestea ar fi ricoșat, așa erau de încordați.

Ce dracu' păzesc? Li s-a făcut de bulău...?

O să înfunde carcera, dacă nu află cine le umblă pe sub nas...!

Le-a dat solde, prime, mîncare, medicamente, le-a angajat nevestele, copiii, frații...! I-a făcut oameni din ciobani, din țărani pîrliți, din ciomăgari de doi lei pe ulița satului! I-a îmbrăcat, i-a încălțat, le-a pus pîinea și cuțitul în mînă! I-a scăpat de foame, de frig, de muncă la cîmp...!

Văzîndu-i înfricoșați, comandantul Geangu schimbă puțin tonul.

Au căldurică, au mîncărică, au pătuț cald, au lefșoară, de ce dracu' nu sînt atenți să nu le treacă norocul printre degete? Ce așteaptă? Să le facă el treaba? El pleacă, el s-a săturat de atîta incompetență, de atîta nesimțire, de lipsă de respect și de lipsă de profesionalism...! El s-a săturat să fie luat de fraier, de prost de bun, să-i tot acopere cînd își bat joc de meserie, de misiune, să-i ducă în spate ca pe niște trîntori...!

— Bă, vă angajăm nevestele aici, că voi sînteți muieri proaste, voi dormiți în bocanci, bandiții vă dau cu tifla cînd au chef, vă regulează cînd li se scoală, vă scuipă și voi ziceți scuzați...!

Ce-ați zice, bă, să fiți voi în locul bandiților și ei să vă păzească? Că dacă nu beliți ochii, aici o să ajungem, o să fugă ăștia, o să facă revoluție și o să vă pună pe voi în belciuge...!

La cît de vigilenți sînteți voi aici, la datorie, pot să vină americanii și cu bicicletele să atace închisoarea, că voi nu sesizați, voi dormiți ca scroafa în coteț pînă o să vă treziți cu cuțitu' la gît...! Tu-i gîții mă-sii!

Credeți că eu nu știu că deținuții trag aghioase ziua, în loc să rîme în beton?

Credeți că eu nu știu că noaptea dormiți ca porcii și sforăiți de se cutremură pușcăria? Și în timpul ăsta, ce fac bandiții? Fac planuri să fugă, să-și bată joc de noi, de poporul muncitor, de conducerea de partid...! Bă, voi ați auzit ce a făcut partidul pentru voi? Voi înainte de culcare, dimineața la trezire spuneți măcar așa, în gîndul vostru, mulțumesc, ție, partidule, că m-ai făcut om? Că dacă nu era partidul nostru, acum erați în bălegar pînă la brîu...!

Comandantul Geangu privi adunarea aceea înghesuită, umăr la umăr dar nu mai desluși niciun chip clar. Fețele se făcuseră o masă uniformă, nu se mai citea nicio expresie, poate doar o groază generală. De asta simți nevoia să continue, domina și enervarea care îl cuprinsese îi făcea bine.

— Bă, acum doi ani un bandit a trimis o scrisoare din pușcărie tocmai la un radio străin...! Cum a fost posibil? Că n-a pus-o prin poștă, la oficiul poștal! Nu. Nu a trimis-o printr-o păsărică. Nu. Nu a expediat-o prin sfîntul duh. Nu...!

Acest nu, repetat, era resimțit de acea adunătură ca o lovitură de ciocan aplicată în creștetul capului.

Comandantul Geangu tăcu mîhnit, obosit. Numai că liniștea care se lăsă era mult mai apăsătoare decît discursul dezlănțuit și acuzator.

8

Adevărul era, de data asta, numai la deținuți. Numai unul, doi dintre ei știau despre ce e vorba, că dacă ar fi știut și vreuna dintre vitele astea de gardieni, nu cred că nu ar fi spus, că e în joc pielea și cariera tuturor, medita comandantul Geangu. Trimisese pe toți gardienii să ia la puricat fiecare celulă, să verifice pe fiecare om, să tragă de limbă pe fiecare deținut. Mai în fiecare celulă erau unu, doi deținuți dispuși să vorbească, la o adică, trebuiau motivați să o facă și de data asta, pentru că acum situația era, cu adevărat, specială. Dramatică, chiar.

Gardienilor le-a transmis textual:

— Luați-i cu lugu, lugu. Luați-i cu binișorul. Le promiteți că le faceți raport celor care colaborează, că le reducem din pedeapsă. Îi amenințați cu Zarca pe cei care ar ști ceva și nu spun. Le vorbiți de mame, de Dumnezeu, de dracu'. Le spuneți că le dăm supliment la magiun, mama lor de bandiți. Că-i umflăm cu carne de cal, pînă or necheza. Dacă simțiți că vreunul știe ceva și nu spune, îl luați la interogatoriu. Dacă nici acolo nu vorbește, apoi să nu mai vorbească niciodată...! Bă, le măsurați copitele, să vedeți dacă seamănă cu urmele de pe zăpadă. Îi puneți să-și înghită bocancii, mama lor de bandiți, de guzgani, că numai de asta le arde, să umble, să fugă, să ne fure, să ne facă să ne blestemăm noi zilele. Decît să plîngă mama, mai bine să plîngă curva de mîne-sa, ați auzit?

Nu neglijați niciun amănunt din ce spun, din ce mărturisesc, cu binișorul sau la interogatoriu. Dacă nu-i beliți, vă belesc eu.

Mustea! Și morții îi interoghezi, m-ai auzit? Și dacă-i mă-ta și simți că știe ceva, o regulezi ca să spună tot, m-ai auzit?

Dacă nu descoperiți cine a făcut urmele de pe zăpadă, vă băgați singuri în celule, vă încuiați pe dinăuntru și aruncați cheia, nepricopsiților!

Pe sectoooor, fuga marș!

Se enervase, era roșu ca un rac. O venă i se zbătea ca o șopîrlă pe frunte, i se furișase pe după ureche. Cu o batistă mare, albastră, pe care o despături, se șterse pe frunte, pe gît. În acel moment Heghedus intră în fugă în club anunțîndu-l că este chemat la telefon de la Centru, e chiar colonelul Șoavă. Scăpă printre dinți o înjurătură și o luă la fugă.

Colonelul Șoavă era calm. Da, informase mai sus, situația era acum monitorizată de la București, unde trebuia să dea zilnic un raport. A înțeles? Zilnic!

— Mai apăruseră urme pe zăpadă?

— Da, apăruseră.

Și cum ...'zda mă-sii nu raportase imediat?

— Păi am luat măsuri locale, am răscolit toată închisoarea, lucrăm la caz...

— Băăăă, ești terminat, ești păpușă de paie acolo, ești papanaș umplut cu rahat...! Chiar au apărut din nou urmele, după ce am fost eu acolo? Adică tu nu ai stat pe burtă, în curtea închisorii, ca să vezi cine se pișă în capul tău? Adică tu nu ți-ai băgat trei gloanțe în burtă, după ce te-a înfruntat banditul? Că dacă fugea un bandit, era o chestie... Poate că era o chestie normală, ei vor să fugă, noi vrem să-i ținem la beci, sîntem care pe care. Dar aici e altceva: cel care face urmele nu vrea să fugă, el vrea să demonstreze că se joacă cu tine, cu noi, cu sistemul...! Ne sfi-dea-ză...!

Era din nou calm colonelul Șoavă. Aproape că simțeai în glasul lui regretul că își ieșise din pepeni mai înainte.

Are clasă, își spuse Geangu. Știe să mîngîie cu aceeași mînă cu care a biciuit, cu o clipă mai înainte.

— Permiteți să raportez, îndrăzni.

— Ascult!

— La ora asta chestionăm toți deținuții. Astă-noapte paza a fost dublă, am avut cordon aproape...

— Și cu toate astea, urmele au apărut...!

— Da, au apărut, exact în același loc, în același sens, la fel... Nu ne explicăm. Dar, tovarășe colonel, vă rog să îngăduiți să...

— Nu mai îngădui nimic. Dar nimic...! Mă ții la curent cu fiecare minut al anchetei. M-ai auzit?

Colonelul Șoavă a închis, fără să mai aștepte răspunsul. Știa că Geangu auzise, că tremura la capătul celălalt al firului.

9

După cina cu terci și după apel, comandantul Geangu a adunat primele mărturii pe care le smulseseră gardienii de la deținuți, din care s-ar fi putut contura un răspuns la situația gravă în care se aflau toți. La apel nu lipsea nimeni, la numărătoare nu ieșise niciun deținut în plus. Peste zi crăpaseră doi, unul la infirmerie, altul o mierlise în celulă, i se aprinseseră plămînii. Așa îi raportase lui Geangu șeful de schimb, Pralea, un fost chestor la Siguranța Statului, dat afară din motive neclare. El susținea că refuzase să se pună în slujba aparatului represiv al burgheziei, că ura monarhia „din familie", în fapt – spuneau unii – fusese dat afară pentru că furase cîțiva saci de mălai de la popota ofițerilor, în cîrdășie cu un administrator.

Geangu ar fi vrut să-i spună lui Pralea să aibă grijă, peste noapte, să păzească și morții, să nu le vină în minte să umble prin curte, dar se abținu. Văzu figura lui Pralea, unsuroasă ca un caltaboș proaspăt umplut și i se făcu greață.

'Nafura mă-sii, în ce lume mă scald și eu, își zise.

Primul care îi aduse raportarea asupra chestionării deținuților a fost Crețu, zis Cocoțoi, care luase la anchetat deținuții din patru celule. Au fost scuturați toți, vorbiseră trei din treizeci și șase. Vreo douăzeci era clar că nu știau nimic, vorbeau de pe pereți. Cinci bucăți refuzau orice discuție, erau muții care se închiseseră în sine de multă vreme, care păreau să se fi înscris pe o orbită a timpului și curgeau odată cu el, fără nicio urmă. Restul de opt erau prea căzuți, prea fără vlagă ca să mai fie luați în seamă.

Prima mărturie era a unui deținut, Țurel, închis pentru că își plantase în acoperișul casei un drapel american, ca să le arate avioanelor yankee unde să aterizeze. Dar mai iuți decît americanii fuseseră milițienii din comuna sa, Cumpăna, de undeva de prin Dobrogea, care au sosit la țanc, ca să demobilizeze un dușman al poporului. Țurel susținuse la interogatorii că steagul căzuse de undeva din văzduh și că nimerise la el pe casă. Probabil se parașutase dintr-un avion american, aflat în zbor...

Bun, a căzut, dar cum de nimerise exact pe coama casei și se mai și înfipsese în așa fel încît să fie zărit de departe, să fluture în vînt...?!

La asta Țurel nu avea o explicație, dar îl luase pe nu în brațe și punea situația nenorocită în care se afla pe seama ghinionului.

Mai mult, de vreo zece ani căuta o ieșire din acea situație, ar fi făcut orice să iasă afară. Ar fi turnat chiar, dacă asta l-ar fi ajutat, dar nu găsise ceva convingător să toarne, care să-l ajute să scape.

Cînd Cocoțoi l-a pus să spună tot ce știe despre urmele de pe zăpadă, din curtea închisorii, din nopțile trecute, Țurel recunoscu că nu știe nimic, că el nu avea cum să vadă acele urme.

Dar nu bănuie? Iese cineva din închisoare noaptea? Intră cineva noaptea? A auzit el așa ceva?

Țurel s-a uitat jur, împrejur, a făcut ochii mici, mici, după care i-a făcut semn lui Cocoțoi că ar trebui să se retragă undeva. Gardianul l-a condus la camera de interogatorii, de unde, de obicei, se auzeau urletele animalice ale schingiuiților. Acum era liniște.

— Ei, cine-i?, întrebă cu neîncredere Cocoțoi.

— Urdea, de el e vorba. Noaptea vine nevastă-sa la el. Nu știu cum vine, dar vine.

Gardianul îl privi pieziș, ca și cum cu o ureche ar fi ascultat o muzică de departe:

— Vine nevasta deținutului Urdea în celulă? Ești sigur?

— Da, sînt sigur. Am văzut eu. Și ceilalți cred că știu, dar nu spun.

— Și, mă rog, pe unde intră... nevasta asta? Prin zid?

— Nu știu, dar eu am văzut-o acolo, sub aceeași pătură cu el.

— Adică dorm unul cu altul, ca bărbatul cu nevasta?

— Exact.

— În celulă? mai întrebă o dată gardianul.

— În celulă.

— Și ce fac?

Aici Țurel făcu ochii mari ca și cum ar fi vrut să-și scoată de pe retină niște imagini. Apoi începu să descrie gardianului, care îl asculta cu gura căscată, ceea ce văzuse:

— Am auzit un foșnet, apoi un rîs înfundat. M-am trezit. M-am uitat așa, era lumina chioară a becului de control de pe hol care se strecura vag în interior. Și în lumina aceea, după ce ochii se obișnuiră cu contururile, am văzut-o. Avea părul lung ca de vrăjitoare, despletit pe spate. Una ca ea mai văzusem într-un cimitir, cîndva, făcea vrăji la miezul nopții... Era goală pușcă. I-am văzut formele, rotunde, curgeau nu alta, ca niște valuri de apă pe pietre.

Urdea îi ciupea sînii și ea sughița de plăcere, dar cu nasul înfundat în palme. Din cînd în cînd își dădea capul pe spate cum fac lebedele de pe Techirghiol, care se leagănă cuprinse de o desfătare, pe care doar ele o simt. Apoi, ehei!... Apoi începu să se miște ca lovită de boala copiilor, își izbea mijlocul de mijlocul bărbatului, se arcuia ca o iapă scăpată din frîu, eu îi auzeam nechezatul deși nu necheza. Apoi i-a zis lui, am auzit eu, ia-mă cu mîna stîngă, smulge-mi pielea și eliberează-mă din mine însămi, sau cam așa ceva... Ha, ha, a zis el și o bîjbîia, o întorcea de pe o parte pe alta ca și cum ar fi lucrat un aluat care se lăsa modelat. M-ai sleit, i-a spus el. Am auzit eu cînd i-a spus așa. Iar ea a rîs și l-a mușcat de ureche și el i-a zis au, de ureche asta nu, să nu mă mai muști, că mi-a rupt-o la interogatoriu Posteucă, caraliul. Apoi el s-a urcat pe ea și a prins-o între coapse și i-a zis acuma zboară și ea i-a zis da, zbor, dar o fac singură, nu pot să te iau și pe tine, că dacă încerc, ne prăbușim amîndoi și ne omoară santinelele și ne dau la groapa comună și copiii rămîn singuri, pe drumuri.

Aici Țurel tăcu.

Gardianul rămase cu gura căscată, cu ochii pironiți pe gura deținutului. Voia să-i surprindă grimasa care să-i confirme că nu era nimic adevărat din ce spusese, că totul fusese o aiureală, o minciună, o fantasmagorie de cap înfierbîntat de vreo infecție ascunsă. Dar Țurel nu schiță nici cel mai mic gest. Pe fața lui se întipări o tristețe provenită din amintirea vieții de dincolo de gard, de la care mai primea slabe semnale, amintiri care păreau ale altcuiva, pe care și le spunea uneori fără să le mai simtă ca ale lui.

— Și cum a plecat femeia?, întrebă gardianul.

— În zbor, spuse cu ochii pierduți în zare deținutul.

— În zbor...? Gardianul se sprjini de perete, simțea că dracul venise, îl înșfăcase și acum îl purta prin lumi fără nicio noimă.

— În zbor, zici?

— În zbor, reconfirmă deținutul.

— Și ai putea să scrii toate astea? Ai putea să le scrii pe hîrtie așa cum mi le-ai spus mie?

— Pot, răspunse Țurel.

10

Geangu îl ascultase pe gardian privindu-l ca pe o curiozitate, ca pe o gînganie care își depășise condiția, ca pe o lighioană domestică care se dăduse de trei ori peste cap și se făcuse ceva straniu, un hipopotam, de exemplu. Dar sigur nu om.

— Bă, tu ai viermi la creier? Cum vrei să-ți cred balivernele astea? Te-ai tîmpit în așa hal, încît îți încîlcește mințile primul bandit?

Cocoțoi se vede că nu era în ziua lui cea mai norocoasă, așa că își scăpă falca și gura deschisă părea incapabilă să se mai adune normal. Se uita tîmp la comandant, de la el aștepta, totuși o explicație pentru ceea ce i se întîmplase. Adică i se spusese să aducă mărturisiri complete? Adusese. I se spusese să nu pună la îndoială nimic, poate că numai așa banditii se vor da de gol? Nu pusese la îndoială nimic, aducea mărturia scrisă a ceea ce povestise. Erau banditii în stare de orice? Mărturia acelui nenorocit de Țurel era o probă că ăștia lucrau și cu dracul, așa de lunecoși erau. Cine era el ca să judece ceea ce nu înțelegea? Că de asta avea șefi, comandanți, oameni cu pregătire înaltă, pe care partidul punea mare bază...! El atît făcuse, executase un ordin.

Geangu îi luă din mînă declarația scrisă de Țurel și începu să citească cu glas tare:

— ... *Era goală pușcă. I-am văzut formele, rotunde, curgeau nu alta, ca niște valuri de apă pe pietre. Urdea îi ciupea sînii și ea sughița de plăcere, dar cu nasul înfundat în palme. Din cînd în cînd își dădea capul pe spate cum fac lebedele de pe Techirghiol, care se leagănă cuprinse de o desfătare, pe care doar ele o simt...*

— Bă, unde se întîmplă asta? În închisoare la Aiud, da? Și unde la Aiud? Într-o celulă cu bandiți păziți zi și noapte de gardieni, scoși la raport de zece ori pe zi, numărați din ceas în ceas, scobiți și în fund să nu ascundă nici măcar o gămălie de chibrit...! Dacă asta se întîmplă cu adevărat, apoi s-a dus dracului șandramaua noastră cu tot cu noi.

Geangu își boldi ochii spre exterior, deși era limpede că se uita în interior, în sine. Căuta o soluție, se întreba dacă nu este cumva în miezul unei farse care i se pusese la cale. Dar o farsă gravă. Își țuguie buzele, de parcă se chinuia să formuleze ceva esențial, lucrul care trebuia spus neapărat. Se uită brusc la Cocoțoi și rosti apăsat:

— Adă-l, dracului, pe banditul de Țurel! Acum!

11

— Bă, de unde știi tu că vine muierea banditului de Urdea noaptea în celulă?

— Am văzut eu, răspunse Țurel.

— Nu ai avut cumva halucinații? Poate ți s-a făcut de muiere și ai văzut umbre pe pereți.

— Nu, era muierea lui, i-am auzit cînd vorbeau de copii, el întreba cîte ceva de pe acasă...

— Bă, dar cum poți tu să demonstrezi că e așa și nu altfel? Ce garanție am eu că spui adevărul? Că mă fac dracului de rîs, dacă spun colonelului Șoavă așa bazaconii...!

Țurel nu avea un răspuns, el doar își făcuse datoria și turnase. Atît. Mai departe era treaba celor care anchetau cazul, să înnoade capetele situației.

Geangu simțea că îi plesnește capul. Ah, ce pumni i-ar da acestui nenorocit de vierme, l-ar călca în picioare. Că, pînă la urmă, ce făcuse? Îl dusese într-o zonă în care nimic nu mai era logic, dar nici nu putea să respingă pînă la capăt ipoteza nenorocitului. Îi făcu semn cu capul lui Cocoțoi să-l ducă în celulă pe bandit iar cînd acesta se îndepărta cu pas tîrșîit, fluieră în urma lor:

— Adă-l pe Urdea la mine!

12

Întîlnirea cu Urdea nu a avut nimic spectaculos. Acesta era un bărbat încă frumos, dar îmbătrînit înainte de vreme. Părea obosit, încercănat.

Aha, își spuse în sine Geangu, înseamnă că individul își pierde nopțile, de asta e stors...! Ptiu, na, m-am tîmpit, am pus botul la turnătoria banditului...!

— Ce știi despre urmele care au apărut nopțile din urmă pe zăpadă, în curtea închisorii? De unde crezi că vin?

— Poate că e vreun cîine. Sau vreo pisică, răspunse suspect de repede Urdea.

— Dar de ce nu un popîndău?

— Da, poate fi și un popîndău, admise Urdea.

— Dar sînt urme de om, de bocanc, continuă Geangu, scrutîndu-l pe deținutul aproape absent din fața sa.

— Nu știu ce să zic, răspunse banditul.

— Poate că-i nevastă-ta, încercă Geangu.

Urdea se uită spre el cu o privire panicată.

— Da, da, de ce nu ar fi nevastă-ta? plusă Geangu.

— Glumiți?

— Nu glumesc, îl fixă Geangu.

— Nevastă-mea e la trei sute de kilometri de aici. Și nici dacă ar deține secretul deplasării ca vîntul sau ca gîndul, tot nu ar putea să vină... A divorțat de mine.

— Lasă, știu eu, e un divorț formal, ca să nu aibă necazuri că are bărbat în pușcărie, la politici. Crezi că noi nu știm? Așa fac toate muierile voastre, ca să vă scape puii de năpîrcă, pe care i-ați prăsit, mama voastră de bandiți...!

Urdea oftă.

— Bă, ia zi, ce recunoști din asta? Comandantul Geangu luă paginile aduse de Cocoțoi, pe care se îngrămădise scrisul lui Țurel: *Ha, ha, a zis el și o bîjbîia, o întorcea de pe o parte pe alta ca și cum ar fi lucrat un aluat care se lăsa modelat. M-ai sleit, i-a spus el. Am auzit eu cînd i-a spus așa. Iar ea a rîs și l-a mușcat de ureche și el i-a zis au, de urechea asta nu, să nu mă mai muști, că mi-a rupt-o la interogatoriu Posteucă, caraliul. Apoi el s-a urcat pe ea și a prins-o între coapse și i-a zis: acuma zboară și ea i-a zis da, zbor, dar o fac singură, nu pot să te iau și pe tine, că dacă încerc, ne prăbușim amîndoi și ne omoară santinelele și ne dau la groapa comună și copiii rămîn singuri, pe drumuri.*

Urdea se uită la comandant cu ochii măriți.

Geangu se uita la gîngania din fața sa cu privirile ca două ventuze lipite de ochii acestuia, de parcă ar fi vrut să i-i scoată din orbite.

Înfruntarea părea să fie care pe care.

Dacă nu-l prind acum, m-am dus dracului, își spuse Geangu.

Deținutul părea speriat, dar nu îndeajuns, scormonea prin creier după un răspuns convenabil.

A-ha, deja își pregătește minciuna. Ceva e...! Ceva e...!

Deținutul se lipi cu spatele de zidul gri, rece.

A-ha și el vrea să treacă prin zid, își zise Geangu nescăpîndu-l din priviri.

— Spune, bă, despre cine e vorba în propoziție? Nu spui? Te ascunzi? Te dai lovit? Te faci că plouă?

Deținutul lăsă capul în jos, cu un oftat care îl înfurie pe comandant.

— Și zi, cine mai umblă noaptea prin celulă...? Nu cumva umblă dracul prin camerele voastre? Spune, măi, nu vine dracul la voi? Spune, măi, nu vi se înfierbîntă capul de la închipuirile voastre de bandiți care numai la fugă vă e gîndul?... Numai la americani și la cum să beliți poporul ăsta vă e gîndul! Bă, eu v-aș turna otravă pe nas, pe urechi, pe gît, să vă văd dracului întinși pe jos ca rîmele, ca limbricii...! Și știi de ce n-o fac? Că sînt bun, bă! Sînt prost de bun! Adică mie îmi apar urme de pași prin curte și nu am murit cu niciun bandit de gît pînă acum? Adică mie îmi spune lumea că vă tolăniți cu nevestele prin patul poporului și nu am despicat pe niciunul? Bă și dacă nu-i adevărat, tot trebuia să crape cel care e bănuit...! Zi-mi, 'tu-ți morții mă-tii, cum vine, bă, nevasta la tine în celulă noaptea? Călare pe mătură? Mă faci să cred în dracul, care nu există? Să cred în bazaconii...?

Își mușcase buza de jos și îi curgea sînge care i se prelingea pe vestonul semikaki. Urdea îi urmărea cu ochii pironiți de surpriză picăturile care săreau stropind și peretele și foile de pe birou. Apoi comandantul bătu cu pumnul în ușă și în încăpere intră gardianul care se uită cu ochii măriți de spaimă. Apoi se uită la bandit: oare îndrăznise să dea în comandant?

Geangu tocmai își sugea buza și limba roșie i se arătă mare, pescuia picăturile care curgeau spornic.

— Ia-l și du-l la izolare pe bandit...! Dezbracă-l și udă-l cu apă, bagă-i saramură în loc de apă, să bea. Crapă-i capul dacă se împotrivește și scoate-i de acolo căcatul cu care gîndește și cu care se încăpățînează să ne înfrunte.

Gardianul l-a scos pe Urdea tîrîndu-l, deși acesta nu se împotrivea.

Pînă seara toată închisoarea, deținuți și gardieni, știau că Urdea îl plesnise pe Geangu, comandantul, de-i sărise *borșul* pînă pe pereți...! Un oftat de satisfacție se ridică din piepturile deținuților. Un oftat de oroare și unul de dorință de răzbunare se ridică din piepturile gardienilor și ale santinelelor. Cele două oftaturi se înlănțuiră deasupra închisorii stîrnind cîrdul de ciori care croncăni multă vreme, fără un motiv aparent.

13

La ușa comandantului Geangu era forfotă. Se adunară gardienii cu informațiile culese de la bandiți. Geangu îi privi și pentru moment îl cuprinse o furie oarbă împotriva acestora. Vorbeau în șoaptă și zumzăiala aceea avea ceva ironic la adresa lui.

Oare mă cred așa de prost, oare își bat joc de mine?

Bătu cu latul palmei în masa din față și așteptă ca Hegheduș să bage capul pe ușă, să-l întrebe ce dorește. Dar nu se întîmplă așa, de afară zumzăiala continua să se strecoare prin ușă. Se deplasă el și deschise ușa cu un gest ferm, pe hol se făcu liniște. Hegheduș îi înregistra pe gardieni într-un registru, creînd un fel de ordine de intrare.

— Tovarășe comandant, cum îi introducem, în ordinea sectoarelor sau în ordinea sosirii?, îl întrebă Hegheduș.

Masa aceea de indivizi i se păru străină lui Geangu, ca o adunătură cu care nu avea prea multe în comun. Nu îl respectau, aveau doar nevoie de el, să le acopere mizeriile pe care le făceau, aveau nevoie de rahatul de pîine pe care el li-l dădea cu larghețe, că i-ar fi putut pune la post negru, cu un singur gest. I se făcu greață cînd văzu fețele nădușite, urîte, niște măști puse direct peste mizeria caracterelor josnice, niște gunoaie peste care Statul pusese o costumație kaki, ca să-și facă treaba. El făcuse un an de facultate, istorie, apoi întrerupsese studiile ca să intre în structurile Siguranței Statului, dar nu se lipise, că îi trebuia o pilă mare, care să-l susțină. Nu a avut. Apoi se înscrisese în armată, fără să aibă cine știe ce abilități, dar o făcuse ca să nu se mai întoarcă în satul său pricăjit, la Hobița, acolo de unde provenea și marele Brâncuși, care se dovedise, în final că era încă unul dintre cei care trădaseră patria. Oameni care nu au prins pulsul adevărat al istoriei, deh! Taică-său, un naționalist care se manifesta doar în cadrul restrîns al familiei, făcea mare haz pe seama unei întîmplări la care cică fusese martor, atunci cînd îl și văzuse, singura dată, pe Brâncuși. Povestea asta o înșira mai ales la sărbători, cînd erau toți în jurul mesei și cînd binele din sînul familiei trebuia pigmentat cu ceva vesel. Cică Brâncuși revenise în țară și era glorios acolo, în Franța, unde se aciuase. Primarul de Tîrgu Jiu, mîndru nevoie mare că venise Brâncuși acasă, a improvizat o scenă și l-a rugat pe artist să vorbească mulțimii. Cică acesta s-a urcat pe scenă, a privit mulțimea prost îmbrăcată și prost hrănită din față, bărbați cu fețele arse de tutun, de rachiu și praf, femei slabe ca vitele cu gălbează cu pestelci murdare ridicate de un colț pînă la gură și a ținut un discurs scurt ca o pereche de palme:

— Cînd am plecat v-am lăsat săraci și proști. Acum, după douăzeci de ani, vă găsesc și mai săraci și mai proști...!

— Bun și voi ce ați făcut, în acel moment? îl întreba de fiecare dată fiul care nu pricepea de ce trebuie să rîdă la asemenea frază seacă și jignitoare.

— Vreo cîțiva au aplaudat, vreo cîțiva l-au pizduit, vreo cîțiva au aruncat cu cîte un praz după el. Dar moșul – că era moș și pe atunci, nu s-a sinchisit, s-a urcat în trăsură și a trecut ca vodă prin lobodă prin mulțime.

Mai tîrziu taică-său fusese în echipa de muncitori care trebuia să dărîme Coloana Infinitului, se chinuiseră o grămadă de vreme, dar nu reușiseră. Probabil că Brâncuși o armase cu ceva ce nu putea fi dărîmat cu una cu două. Poate că între timp localnicii reușiseră să o dărîme, el nu mai știa. Nu mai fusese acasă de vreo șapte, opt ani, dar nici nu simțea nevoia să o facă.

Geangu fusese pe frontul de est, de unde la primele atacuri mai susținute, undeva pe la Boureni, în Moldova și după ce văzuse cum se curățau camarazii, o ștersese cu unul dintre colegi ascunzîndu-se la o stînă de pe Rarău. Au fost dați dispăruți, nimeni nu putea proba că dezertaseră. De pe Rarău, după ce armata română întorsese armele împotriva nemților, ieșiră și recunoscură că nu voiseră să lupte împotriva *fraților de la Răsărit*, că *războiul împotriva fraților de la Răsărit era nedrept* etc. Au fost crezuți, au fost dați și ca exemplu preluat de presa democrată din țară, dar au fost băgați imediat în prima linie pe frontul de vest. Amicul lui, un grec maghiarizat în Ungaria, Ianis Horvath, o ștersese fără să-l prevină, încă de la Szeged. El s-a mai dus o bucată, pînă aproape de Viena, unde se alese cu o dizenterie care îl trimise în spatele frontului. De aici se întoarse acasă, înaintea armatei române glorioase în luptă, dar înfrîntă în diplomația care a urmat războiului. Între timp el se oferise să servească noii cauze, noii democrații, că oricum nu avea de ce să se lege pe lumea asta. Și acum? Acum, în loc să fie undeva la comandă, ferit de griji, conducea un penitenciar cu bandiți și avea în subordine niște slugoi fără nicio calitate, niște ființe ipocrite, mizerabile, bețive. Uneori i se părea că bandiții erau mai de încredere decît aceste otrepe pe care, însă, trebuia să-și bazeze munca. Puah!

— Da, să intre în ordinea sectoarelor...!, comandă el lui Hegheduș.

Murmurele se întețiră o clipă, probabil că erau cei care se așteptau să fie chemați înăuntru în ordinea sosirii, că de asta se grăbiseră. Că mulți dintre ei erau de pe la țară, din satele din jur, cînd ajungeau acasă se duceau la prașilă sau la coasă. Erau țărani cu serviciu.

Se retrase în birou cu aceeași grimasă pe chip. Ar fi vrut să ia o gură de rachiu tare, se îndreptă spre fișetul metalic, dar se abținu. Se plesni cu palma peste ceafă, ca și cum ar fi executat un exercițiu de înviorare.

Primul care intră era Bălăeț, un gardian cu un trecut dubios, fost angajat la Siguranța statului din Cluj și despre care se spunea că ar fi salvat niște familii de evrei de la deportare, contra unor sume fabuloase, însă. Alții ziceau, că, de fapt, după ce încasase banii, îi abandonase pe evreii cu pricina și aceștia fuseseră din nou preluați de poliția maghiaro-germană din Transilvania. Nimeni însă nu știa adevărul, numai conștiința lui ar fi putut să mărturisească iar conștiința lui era surdo-mută, că nu erau nici timpurile în care să spui mai mult decît trebuie.

Bălăeț luă o poziție defensivă, realizînd că Geangu nu e în cele mai bune toane. De asta se gîndi să-i servească comandantului cam ceea ce aștepta:

— Bandiții, tovarășe comandant, sînt ca năpîrcile care cum dau de un pic de soare, cum se rățoiesc la tine. Dar îi strîngem noi cu șurubul, îi facem noi să se zvîrcolească...

— Lasă balivernele, i-o reteză Geangu, privindu-l cu asprime pe nefericitul Bălăeț care se simți ca o gînganie în preajma cizmei amenințătoare. Spune-mi ce ai aflat, toarnă...!

— Am anchetat patruzeci și unu de bandiți, i-am luat cu fulgi cu tot... Douăzeci și doi sînt legume, nu mai sînt buni de nimic. Cincisprezece ar spune dar nu au nimic de spus sau o fac pe-a interesanții că își țin gura închisă cînd îi întrebi de sănătate. Mai rămîn patru, de la care am stors totul. Și nu e lipsit de interes ceea ce au spus, am datele adunate aici.

Geangu se opri din frămîntarea gîndurilor și a palmelor, o făcea concomitent și îl cercetă cu interes pe gardian, oprindu-se asupra chipului acestuia. Părea un tip nefericit care își îneca în vorbărie o lipsă cronică de afecțiune. Ca mai toți gardienii se dedubla în relațiile cotidiene, trăia cu frica zilei de azi și a zilei de mîine. Și zilele păreau să fie cam aceleași mereu.

— Urmele...! Să-mi spui dacă ai aflat de unde provin urmele. Asta mă interesează...!

— Cred că am dat de un fir, spuse Bălăeț, stîrnind o luminiță în ochii lui Geangu. L-am luat la pumni pe banditul Griban, care în civilie era popă la Alba Iulia și a recunoscut într-un final...

— Ce? Ce a recunoscut?, se precipită Geangu.

— Că la el vine... Da, la el vine.

— Cine vine? Spune, dracului odată...!, se enervă Geangu.

— Maica Domnului vine! De la Maica Domnului sînt urmele, susține banditul Griban. I-am strîns degetele în ușă ca să recunoască...

Comandantul Geangu își duse o palmă la frunte pe care și-o atinse ușor, ca și cum și-ar fi măsurat temperatura. Apoi palma zvîcni în aer și își trase o palmă zgomotoasă peste obraz, plescăitura se auzi pînă departe pe holul celularului. Un muget combinat cu un guițat urmă plescăiturii de la palma aplicată obrazului. Zumzetul de pe hol se curmă brusc, gardienii care așteptau la rînd tresăriră de parcă acea înlănțuire de sunete li s-ar fi adresat lor.

Geangu simți că e în mijlocul unei conspirații menite să îl termine. Închise ochii și trase aer adînc în piept, simțea că se înăbușă. Obrazul plesnit îl ardea. Persoana din fața lui se micșorase, parcă era o pungă de cauciuc care pierdea aer. Cu un glas scăzut, reținut, de om care e pe cale să afle secretul mișcării materiei în univers, îl întrebă din nou pe gardian:

— De unde sînt urmele? Cine viiineee?

Gardianul își mușcă buza de jos pînă simți ceva sărat. Poate că era sînge, dar nu avea curajul să verifice. Nu putea să lege mugetul guițat de mai înainte, de calmul din tonul vocii comandantului Geangu care reluase întrebarea. Aproape că uitase răspunsul, așa că aruncă o privire pe foaia maronie pe care o avea în mînă, rodul muncii de anchetă în această situație încurcată, teribilă. Era încurajat de privirea obosită, tristă chiar, a comandantului. Îl simți aproape, confratern, patern. De asta, cu o voce pe măsură, liniștită, îi răspunse:

— Așa spune banditul, că Maica Domnului vine...!

Comandantul Geangu se sprijini de masa de lemn care scîrțîi neplăcut. Închise ochii pentru o clipă. Apoi gardienii care așteptau la rînd văzură pe Bălăeț împins de suflul unui strigăt trecînd cu repeziciune prin fața lor, abia atingînd cimentul și izbindu-se de zidul zgrunțuros din față. Din urmă îl ajunse strigătul care se sparse și el de zid.

Se făcu liniște, pe o rază de mii, de sute de mii de kilometri, nu se mai auzea decît efortul materiei concentrat pentru a ține lucrurile și ființele și plantele în formele lor consacrate. Pe acest fond, al păcii brusc instaurate, pentru mii și mii de ani poate, dinspre cancelarie apăru Hegheduș în pas alergător.

Comandantul Geangu era căutat la telefon de generalul Șoavă. Urgent.

— ...'zda măăăă-siiiii!, răspunse ecoul holurilor largi și lungi.

14

— Dar voi acolo ce faceți, sînteți la pension?

Nu v-au călărit încă bandiții?

Da, să le pregătiți grătărel cu păstrămioară și sălățică...

Bă, dar voi pe ce lume trăiți? Bă, pe voi trebuie să vă belim întîi, apoi pe cîrnații ăia de bandiți care sug sîngele poporului...! Dar eu te țin de vorbă și ei acum vă așteaptă să le faceți pătuțul, să le duceți cafeluța la pătuț, să stați capră, că poate au oarece pofte...

Băăăă, spune-mi de unde apar urmele? Cum, nu ai aflat încă? Faci cercetări? Dar ce ...'zda mamelor voastre cercetați voi acolo? Vă cercetați cu degetul în cur, vă măsurați trînjii?

Au aaa-păăă-ruuut iarăși urmele? Și nu ți-ai făcut harakiri?

Batalionul disciplinar ar fi pentru voi parfum de lăcrămioare...

Bă, vă înșirați în genunchi lîngă gard și nu vă mișcați pînă nu prindeți lighioana care ne înfruntă, care își bate joc de noi, de popor, de țară...!

Cum poți tu dormi, cînd dușmanul de clasă nu doarme și vă pune și cornițe?

Bă, dar poate că e Maica Domnului, mai știi?

De la București însuși tovarășu' miii-niiiis-truuu se interesează direct de caz și eu ce să-i spun, că niște incapabili, niște beleșnițe, niște gunoaie nu se interesează decît de huzurul lor? Ce să-i spun tovului ministru, că bandiții sînt muți și nimeni nu-i poate face să vorbească?

Ceeee? Abia acum îi anchetați? Dar pînă acum ce ați făcut? Cîți au crăpat la anchetă? Niciunul? Bă, dar mă mut și eu la voi, că acolo nu-i anchetă, acolo se iau interviuri pentru reviste de cucoane...! Domnu' bandit, dumneavoastră vă puteți deranja să vă adresez o întrebare? Domnu' bandit, dumneavoastră nu ați sesizat vreo mișcare prin curtea închisorii, în timp ce noi ne căcam pe noi de frica întunericului? Domnu' bandit, dacă nu vă inoportunez, aș vrea să mă îndatorați și pe mine cu un răspuns, că vă băgăm icre negre la prînz, cîte două polonice de fiecare și le stropim cu șampanie franțuzească...! Băăăăăă!

Geangu resimți în stomac strigătul colonelului Șoavă. A fost ca un pumn primit în plin, fără nicio precauție. Icni. Scăpă telefonul din mînă. Heghedus pîndea, probabil, de după ușă, fiindcă intră pe neanunțate. Se repezi și luă telefonul de jos, îl duse la ureche, dar nu se mai auzi decît un păcănit ritmic, ca un apel prin alfabetul Morse, dar care descifrat ar fi fost fără noimă.

Geangu arătă spre telefon, incapabil să mai articuleze vreun cuvînt.

Nimeni, răspunse întrebării mutești Heghedus.

15

Pentru noaptea care urma, Geangu consemnă tot poporul de gardieni și santinele în unitate. Dublă posturile de pe gard, alcătui patrule care se intersectau din zece în zece metri, mări suprafața luminată de reflectoarele de pe stîlpi. Deținuții simțeau că ceva nu este în regulă, însă puseseră zelul gardienilor pe seama vreunei descinderi a superiorilor de la București. Aceștia mai aterizau în închisoare, se lăsau aburiți de comandanți, care le turnau tot felul de brașoave despre respectarea drepturilor omului în relație cu noua realitate românească, cu rezultatele spectaculoase ale ideologizării banditilor care mulțumeau, în final, că sînt reeducați. Cei care veneau în control se îmbătau de cele mai multe ori și a doua zi, cu capul plin de zgomote, o ștergeau la București, unde făceau rapoarte fulminante. După ei țara era pe mîini bune, dușmanii crăpau de ciudă, mușcau lanțurile și nu suportau fericirea tot mai evidentă a clasei muncitoare și a țărănimii întovărășite.

Un alt motiv de derută pentru deținuți a fost acela că la cină – dacă cină se putea numi troaca aceea cu terci de ovăz! – le-a fost dată și o dungă de marmeladă aplicată pe marginea gamelei de tablă. Se întîmpla după cîțiva ani în care serile erau mai mult fără mîncare. Geangu comandase îmbunătățirea meniului cu o zi înainte și uitase de ordinul său. Dacă Şoavă ar auzi una ca asta, probabil că l-ar executa cu sînge rece pe Geangu. Dar deocamdată nici turnătorii cei mai subtili, infiltraţi de la Centru, nu se prinseseră de această accidentală îmbunătăţire a condiţiilor de detenţie.

Geangu însuşi se postă în dispozitivul de pază. Dacă cineva ar fi privit de sus această organizare a santinelelor şi a gardienilor, ar fi crezut că totul era pregătit pentru respingerea unui atac inamic, că forţe concentrate se pregăteau de asalt. Dar nu era nici pe departe aşa, oraşul semiadormit înainta în noapte ca o caravană cu beduini prin deşert. Dreptul la somn, al celor mai mulţi, înlocuia dreptul la vis, care se dovedise, din ce în ce mai des, că era o adevărată culpă.

Pe la ora zece începu să plouă mărunt. Zăpada care ascundea secretul urmelor ciudate se topi fără să se lase descifrată. Geangu luă acest afront al cerului ca pe un atac la persoană: Cel de Sus, dacă o exista, îl ironiza destul de subtil.

Pînă dimineaţă, poziţia de asalt a corpului de gardieni şi a soldaţilor de la Securitate a dat sentimentul de asediu al exteriorului închisorii. Dar nu s-a întîmplat nimic, nimeni nu a atacat tihna chinuită a închisorii.

Toate astea se întîmplară în zilele de 18, 19 şi 20 noiembrie. Pe 21 noiembrie a nins din nou, uşor, un strat subţire, ca un cearşaf scrobit se întinse peste tot. Dacă ninge pe 21 noiembrie, la Întîmpinarea Domnului, spuse deţinutul Coşofreţ, fost cantor la biserică, va fi o iarnă grea.

Pe 22, dimineaţa, un gardian veni în pas alergător la cancelarie să anunţe o veste trăsnet: urmele au apărut din nou. Apăsate, de data asta.

16

Dumnezeii mamii lor!, tună Geangu ridicînd un pumn spre adîncul închisorii. Îl cuprinse o neputință vecină cu demența. Ce ar fi să deschidă focul împotriva acestei adunături de bandiți, care își băteau joc de el, da, de el în primul rînd?! Da, să le vadă mutrele înfricoșate și el să le administreze glonț după glonț în cap...! Ba nu în cap, că ar sfîrși prea repede...! Să le bage gloanțele în picioare, apoi în burtă, să-i vadă schelălăind, tîrîndu-se prin fața lui ca niște viermi de balegă. Habar nu avea de ce îi ura atît de tare pe deținuți, dar simți că între el și ei nu va mai exista niciodată pace. Șapte mii de capete de deținuți se înfierbîntau clipă de clipă în încercarea de a-l trage pe el pe sfoară, de a-l face să urle de neputință, da, simți rînjetele diabolice care se lățeau pe șapte mii de fețe doar ca să-l facă pe el să sufere, să turbeze. Dar el nu se va lăsa, el nu va putea fi înfrînt cu una, cu două, îi va termina, îi va jupui de vii, îi va...

Pe acest fond de enervare totală, cînd interiorul i se golea de putere, intră Heghedus. Geangu ar fi vrut să-l apostrofeze că nu a bătut la ușă, dar se abținu.

Am convocat toți gardienii și toți șefii de la pază, îi spuse acesta, anticipînd, astfel, ordinul lui Geangu. Le-am cerut să aducă rapoartele asupra sectoarelor, asupra fiecărei celule, asupra deținuților. Așa cum ați spus, trebuie să adunăm fiecare firimitură de declarație, ca să aflăm unde este buba.

Geangu nu-și aminti cînd spusese asta, dar i se păru just. Heghedus părea să fie îngerul său păzitor într-o mare de mizerie, care era această închisoare. Pentru o clipă uită de ura pentru toți și pentru toate și îi fu recunoscător. Se calmă.

— Și cum procedăm? îl întrebă el pe subaltern, de la care aștepta, parcă, o salvare în aceste momente grele.

— Cred că ar trebui să-i ascultăm mai departe, e singura modalitate de a scoate ceva, apoi să adunăm firele. Că adevărul nu poate fi decît aici, în curtea închisorii, între bandiți. Stăm o zi, stăm două, ascultăm tot, apoi tragem concluziile. Îi luăm la anchetat și pe bandiți. Le stoarcem tot ce știu, le scoatem creierul din cap cu tot ce ascund, le deșirăm intestinele, le smulgem unghiile, dar măcar să știm că rezolvăm cazul.

Geangu a fost surprins de tonul lui Heghedus, pe care îl știa mult mai blînd, vorbea rar, se comporta de obicei ca un funcționar corect care nu se implica mai mult decît îi era fișa postului. Iar faptul că în acest moment parcă preluase cazul și ancheta, îl făcu să se întrebe dacă nu cumva Heghedus avea vreo misiune trasată de la Centru, dacă nu era și el sub lupa acestuia, urmărit, monitorizat. Trebuia să fie atent, în vremurile acestea nu mai puteai avea încredere nici în tine însuți...!

— Nu a văzut nimeni nimic suspect astă-noapte?

— Nu, paza a fost postată regulamentar, bandiții au fost supravegheați cu lumina în ochi, numărați din juma' în juma' de oră. Nu a mișcat niciunul. Gardienii au fost prezenți pe holuri în serviciu de patrulare clipă de clipă.

Au crăpat doi bandiți. Unul a făcut pe el pînă și-a dat sufletul, altul și-a rupt venele de la o mînă cu dinții mai întîi, după care a înghițit un cocoloș de cîrpe, ca să se sufoce.

La primul, unul Dunca, fost profesor la Cernăuți, la Universitate, o jivină greu de stăpînit pînă nu l-a apucat cufureala, i-am găsit în căptușeală două foi dintr-o carte în limba germană. Le-am dat la tradus, să vedem ce avea în mațe banditul, de ce ascundea foile. Oricum, pe toți din celulă, ca să nu se contamineze de cufureală și de ceea ce scrie în foile acelea, i-am băgat la Zarcă, pentru că nu l-au turnat pe bandit... Cel de-al doilea, Pascu, era un doctor de la București, un bandit cu studii la Paris care tot o făcea pe-a sclifositul că vrea asistență juridică, că vrea asistență medicală, că drepturi, că alea, alea...

Geangu se simțea depășit de situație. Hegheduș îi arăta, practic, nivelul nevolniciei sale în raport cu acest popor de bandiți care își făcuseră de cap pînă acum, că el fusese un tolerant și un om pîinea lui Dumnezeu, nu altceva, că nu știuse să se impună, că era o cîrpă în mîna subalternului său. I se făcu, pe moment, frică. Dacă era lucrat? Dacă toată această tevatură cu urmele suspecte era aranjată ca să-l compromită, ca să-l îndepărteze din sistem? Mai fusese un caz, la care participase și el. Colonelul Mosor, un intim al Nadejdei Giosanu – reprezentanta politică a Moscovei la București, în fond o basarabeancă de la Soroca cu ceva școală enkavedistă –, ba chiar amant al acesteia, din cîte se spunea, ajunsese adjunct în această infectă cocină de animale turbate care era închisoarea. Unii spuneau că venise ca să întărească conducerea, alții spuneau că ajunsese aici scuipat de către superiorii săi politici, eliminat chiar de

Nadejda Giosanu, care își găsise alt hăndrălău și acest Mosor o încurca, fiindcă el o iubea sincer, se îndrăgostise tântălăul și îi făcea scene de gelozie. La un moment dat Geangu a fost chemat la biroul politic și i s-a trasat ca sarcină să-l urmărească pe Mosor, dacă nu are cumva cine știe ce relații cu deținuții, că se zvonise la un anumit nivel, că vrea să favorizeze evadarea cîtorva...! Geangu l-a urmărit, dar nimic, colonelul Mosor era un zbir care nu părea să facă diferență între bandiți, care ura tot ce mișcă pe suprafața pămîntului. Îi ura și pe gardieni, îi ura și pe soldații de la pază, îi ura și pe ei, colegii lui de la comenduire. Cînd îl apucau pandaliile era de neoprit, uneori, cînd mai dădea peste cap cîte un rachiu, era în stare să bată toată populația închisorii, iar dacă nu avea pe nimeni în dreptul pumnilor, izbea cu ei în pereți pînă și-i zdrențuia. Era amarnic! Ei, într-o zi, Geangu a fost chemat la Baia Mare și un trimis de la București, de la Securitate, i-a pus în față o declarație pe care să o semneze. Citind pe fugă, Geangu descoperi că era vorba de o declarație în care el, subsemnatul Ilie Geangu, raporta către superiori că îl văzuse pe colonelul Mosor în discuții aparte cu niște deținuți care tocmai fuseseră descoperiți că puneau la cale o evadare spectaculoasă de Ziua Republicii, presupunîndu-se că atunci vigilența pazei este mai scăzută datorită sărbătorii, iar efectul propagandistic maxim. El, Geangu, nu văzuse însă nimic suspect în comportarea colonelului Mosor, dar asta nu însemna că lucrul nu era posibil. De asta și semnă. Chiar în acea seară colonelul Mosor a fost arestat, a intrat în anchetă la Baia Mare și a murit la două zile intoxicat de la o conservă de pește stricată, spuneau unii, de inimă rea, spuneau alții. Deținuții bănuiți că ar fi făcut parte din planul de evadare au dispărut și ei după ce recunoscuseră fapta și declaraseră despre implicarea colonelului Mosor în acțiune. Dacă era adevărat, atunci colonelul jucase tare, recunoscu Geangu. Dacă nu era adevărat, atunci inamicii colonelului Mosor jucaseră tare. Oricum, la înmormîntarea colonelului Mosor, care se produsese în anonimat în satul său din Vaslui, se zvonea că însăși Nadejda Giosanu îi trimisese o coroană cu flori proaspete. Dar nimeni nu văzuse acest lucru, erau doar povești neconfirmate.

Da, își spuse Geangu, cu ochii holbați pe calmul secretarului său Heghedus, care își etala o personalitate necunoscută pînă acum, o fermitate suspectă. Da, trebuie să fiu vigilent, vigilent, vigilent. Nici în mama, de-ar fi aici, nu trebuie să am încredere, ...'zda mă-sii de treabă!

Apoi văzu, așa cum lumina bătea pieziș, că Heghedus avea două umbre, care îl însoțeau prin încăpere, în timp ce muta niște dosare dintr-un dulap în altul.

Geangu se frecă la ochi. Era ostenit dar încordat ca un arc. Da, ostenit și încordat. ...'zda mă-sii! repetă el, dar Heghedus nu auzi decît un oftat moale care se împrăștie pe parchetul murdar.

17

Primul introdus de Heghedus la raport a fost Leț, un gardian care se afirmase cu ceva vreme în urmă, după ce se lăsase băgat în celulă cu un grup de *rezistenți*, unde avea misiunea de a-i face să spună tot, prin mijloacele cele mai subtile. Reușise să le cîștige acestora încrederea și în două, trei luni toți deținuții vizați fuseseră luați ca din oală. El le îndrugase o poveste despre sine, despre rezistența din munți, undeva în zona Rarăului, unde organizase o celulă care avea menirea să-i mobilizeze pe oamenii din ținutul Dornelor în așteptarea americanilor. Le dăduse suficiente amănunte și dovezi despre oameni și locuri, încît ceilalți colegi de celulă îl crezură. Noaptea era scos de gardieni și bătut, ca să întărească încrederea rezistenților. După fiecare anchetă era oblojit de ceilalți deținuți care se convingeau că umflăturile și vînătăile erau reale. În aceste condiții bandiții din celulă îi mărturisiră despre aspirațiile lor, despre legăturile, din afara închisorii, cu care colaboraseră înainte, despre arme și despre ascunzători, adrese și gazde în eventualitatea în care ar fi scăpat. Cîțiva dintre ei făcuseră parte dintr-un grup de intelectuali care purta numele de „Rugul aprins", o adunătură mistică și idealistă care credea în salvarea României prin conexiunea la niște valori inconsistente care țineau de prezența lui Dumnezeu în lume. Erau niște ratați, în fond, conchisese atunci Leț, surprins că oameni care aveau ceva glagorie în cap puteau să se lase amăgiți de niște idei care nu aveau nicio aplicabilitate în realitate. Aveau minte, dar nu toată era bună. Cînd i-a turnat, a făcut-o cu oarecare regret și nu pentru că indivizii ar fi meritat vreo atenție, ci pentru că erau de o naivitate apropiată de prostie. A ținut chiar să aibă o confruntare cu ei, să le spună verde în față ce crede despre ei, despre prostiile pe care le susțineau, să încerce să-i trezească la realitate măcar în ceasul de pe urmă.

Bă, le-a spus, mistiscismul v-a spălat creierele. Și o gîscă are mai multă credibilitate în societate decît voi. Ce e aia să crezi că vine un abur să te ridice din mulțime, ca și cum ar fi vorba de un braț viguros? Că asta susținea unul dintre voi, într-o noapte... Ptiu, mai spuneți că aveți și școală, că poporul așteaptă de la voi mîntuire și luminare! Cu așa mîntuire și așa luminare n-o să scoateți nici măcar un kil de sare din pămînt, d-apăi să mai diriguiți pe cineva...! Voi nu trebuie să mai fiți lăsați vreodată în libertate, că stricați mințile naivilor, îi stricați pe prunci. Bă, neterminaților! le spusese el în încheiere.

Rezistenții dovediți fuseseră duși din nou la București, pentru anchetări suplimentare și nimeni nu le-a mai dat de urmă. Probabil că dispăruseră arși pe rugul aprins, pe care susțineau că îl întrețin cu flacăra minții și a inimii lor. O aberație, desigur, după cum susținea Leț, cel care îi dovedise.

După ce trecuse proba din celulă, Leț ajunsese gardian la Aiud. Era temut pentru că fusese în celulă și știa toate trucurile prin care bandiții mai înșelau vigilența gardienilor. Știa unde își puteau ascunde un ac, o bucată de pîine sau un petic de hîrtie. Și toate astea erau considerate arme mortale în ochii administrației. Pe baza declarațiilor și a experienței de închisoare a lui Leț au fost depistate cîteva cărți introduse între deținuți, între care o Biblie tipărită în America. Chiar în America! Plus o carte de poezii de Mihai Eminescu, un manual de limba germană și o carte cu legi din perioada elenistică. La ce i-ar trebui unui deținut o carte cu legi scrise cu două mii de ani în urmă, chiar în original, nimeni nu putea să priceapă. Doar dacă nu ascundea vreun cod de comunicare între bandiți!.? Cartea a fost păstrată o vreme la Comenduire, după care a dispărut luată fiind probabil de vreun gardian care folosea hîrtia la răsucit tutunul rusesc pe care și-l procura de pe piața neagră. Poate că de asta aveau nevoie și deținuții de hîrtie, dar lucrul nu putuse fi probat, deoarece nu a fost găsit și tutunul de rigoare. Plus că hîrtia era proastă, semicerată, ardea și greu cu un miros de piele de porc pîrlită.

De data asta, Leț venise să raporteze ceea ce putuse să afle despre misterioasele urme apărute pe zăpada proaspătă din penitenciar. Nu știa prea multe, dar după ce forțase deținuții din cele șapte celule pe care le controla își făcuse o oarecare părere.

— Nu se există să fie dintre bandiții pe care îi controlez eu, spuse el.

Nu se există să fie implicați în acțiune bandiți din sectorul controlat de mine.

Nu se există să facă ceva vreun bandit fără să știu eu. Și o muscă dacă îl bîzîie pe vreunul, eu știu ce i-a bîzîit musca la ureche. Că musca trage la balegă și la deținut, că deținutul pute a mort.

Nu se există să...

— Bine, bine, i-a răspuns Geangu, dar urmele pe zăpadă nu poți să spui că nu se există...! Mie să-mi spui ce se există, nu ce nu se există. Asta să-mi spui.

Leț nu prea avea ce să toarne, de asta trăgea de timp, își imaginase că e de ajuns să-și reafirme poziția sa de dur și de știutor a toate ce mișcă, așa, în general.

— Păi am interogat șaizeci și doi de bandiți. Vreo treizeci și patru s-au căcat pe ei de frică, i-am stors și de icre, dar nu aveau nimic de spus. Niște cadavre. Vreo zece au luat pe nu în brațe și erau în stare să spună nu și la evidența că e ziuă afară, așa de încăpățînați și stricați pînă în fibra lor sînt. Nu or să uite prea lesne interogatoriul.

Hegheduș, care își reluase poziția sa de umil secretar, nota de zor ce declarau gardienii. Părea să se scurgă pe rîndurile de pe pagină. De data asta se opri din scris și îl întrebă și el pe Leț:

— Nu ai între deținuți *nicio limbă*? Că numai așa poți afla ceea ce ascund bandiții. Nu cred că nu ai *o limbă* care să spună ce și cum se întîmplă. Asta ne interesează, ce nu spun bandiții, nu ce recunosc ca să scape de voi.

— Ba da, spuse Leț, am *două gușe* care toarnă, dar de data asta ceea ce spun ei nu are nicio valoare. Cred că i-au mirosit și i-au îmbrobodit. Că nu se există să fie ceea ce spun ei.

— Dar ce spun ei? se grăbi să întrebe Geangu.

— Baliverne, prostii, misticisme...!

— Adică...? Nu mă mai fierbe.

— Păi, unul zice un lucru care nu se există. Că urmele ar proveni de la un călugăr care a murit aici, anul trecut, unul Daniil și care acum vine cînd are chef... Văzînd însă figura contrariată a lui Geangu, Leț se replie imediat: Normal că nu se există acest lucru, să vină mortul, asta e povestea lor, cred că au vrut să-l îmbrobodească pe omul nostru. Cred că l-au mirosit...

— Bun, să zicem că intră mortul, că vine în interior, că intră în pușcărie. De ce nu iese, de ce nu apar și urmele de ieșire? întrebă Hegheduș. I-ai întrebat acest lucru? Asta trebuia să îi întrebi...

— Ba da, i-am întrebat. Bine, bă, să zicem că noi credem în Dumnezeu care nu există...! Dar dacă intră, ar trebui să și iasă banditul ăsta de călugăr, de care zici. De ce nu iese? Unde sînt urmele de ieșire? Așa l-am întrebat pe banditul care este omul nostru.

Și el mi-a răspuns: Zic ăștia că ar ieși cu morții care sînt scoși dimineața din celule. Cică ar rămîne cu ei, pînă mor, să-i împărtășească, să le aline suferința, să le închidă pleoapele.

Și l-am zis: Bă cum poate să se existe ceva ce nu există? Cît de tare te poți tîmpi între bandiți, ca să ajungi ca ei? Eu, unul, am fost între ei, dar nu mi-am pierdut capul. Dar banditul nostru nu, banditul nostru o ținea una și bună că bandiții ceilalți asta credeau, asta susțineau...

— Și celălalt? Celălalt ce spune? Cealaltă *limbă*...? întrebă Hegheduș.

— Celălat susține și el niște aberații, că ar fi vorba de un militar dintre santinele care s-ar fi dat de partea bandiților și că acum le face jocurile. Dar nici asta nu se există și nu e de crezut, că bandiții aceștia inventează, le fierb creierii de neputință, aberează ca să ne inducă în eroare.

— Lasă, că așa am zis și cu locotenentul Madjaru, care se dădea cocoș aici și el de fapt informa la *bibisi* tot ce mișca în sistem, interveni Geangu. Hai să zicem că e aberantă ideea cu călugărul mort și pribeag, dar asta cu militarul de la ordine e de luat în seamă. Analizeaz-o, verifică, să-mi aduci un nume pînă mîine. Ai înțeles? Am nevoie de un nume, să avem de unde lua la scuturat trupele Securității care păzesc aici...! Avem nevoie de un nume!

— Dacă nu găsești niciun nume, interveni Heghedus, poți să-ți treci numele tău, la autodenunț. Ne-am înțeles?

Faptul că se amestecase peste el îl irită pe Geangu, căruia îi intra tot mai temeinic în cap ideea că Heghedus are o misiune pe lîngă el. Că îl monitoriza. Cu atît mai mult nu putea acum să-l ia în răspăr, trebuia să își țină gura, eventual trebuia să găsească o soluție să-l îndepărteze din penitenciar. Să-i propună o avansare? Unde? Trebuia să acționeze repede însă, pînă nu-l înfunda pentru ceva real sau pentru ceva inventat subalternul său.

— Nu se există să nu aflu un nume de trădător, spuse Leț ieșind. Nu se există...!

Rămași singuri, Geangu și Heghedus se priviră ca și cum s-ar fi înfruntat. Primul care lăsă capul în jos a fost, însă, Heghedus:

— Nu cred că ajungem la vreo concluzie așa. Cred că ar trebui să-i punem pe gardieni să scrie rapoarte despre ceea ce au aflat. Numai așa avem și proba raportărilor lor. În plus, lucrurile se precipită, nu avem timp să-i ascultăm pe toți, deja timpul a luat-o aiurea. Eu zic să le spunem să scrie rapoartele și pînă diseară să ni le dea. Apoi să analizăm, să luăm o decizie, să raportăm și noi sus...! Colonelul Șoavă nu a mai sunat sau te pomenești că vine din nou aici. Cum ne scoatem?

Geangu aprecie prezența de spirit a subalternului său, însă rămase cu același dureros sentiment că este un șoarece în cușcă, sub un fascicul de raze. Era urmărit, era monitorizat.

Recunoscu, însă, că nu avea de ales, așa că îl lăsă pe Hegheduș să dea ordine gardienilor, în numele său.

— Pînă la cinci diseară să avem rapoartele, îl auzi pe Hegheduș comandînd acelei adunări aproape ostile, greu de stăpînit dacă nu o mulțumeai cu tot felul de compromisuri, umilă dacă știai să o plesnești unde o durea mai tare, la stomac și la portofel. Rapoartele să fie scurte, precise, la obiect. Fără baliverne, fără poezii de Alecsandri, fără cai verzi pe pereți..., mai completă Hegheduș. Ați înțeles?

Murmurul care se îndepărta a fost singurul răspuns.

18

Un bandit, Cămărășanu, care provenea de undeva din zona Botoșanilor, simpatizant legionar după cum scria în dosarul său, ținu să vorbească comandantului Geangu despre urmele misterioase. Părea să știe *ceva*. Degeaba l-au amenințat gardienii, degeaba i-au arătat direcția spre Zarcă, banditul nu dorea decît să vorbească la cel mai înalt nivel. Părea foarte sigur pe el și acest lucru îl convinse pe Barabancea, gardianul de pe sector, să se prezinte la Hegheduș cu solicitarea banditului.

— Mai stai pe gînduri?, izbucni Hegheduș. Adu-l la camera de interogatorii.

Comandantul Geangu sosi cu cîteva clipe înaintea banditului în sala rece și soioasă, nerăbdător să dea ochii cu cel care se oferise să dezlege misterul. Banditul era un moșneguț împuținat de ani și foame, cu ochii mici ca două puncte de mercur care se zbăteau între niște pleoape prea largi.

— Hai, spune, îl întîmpină fără alte preparative Hegheduș, care îl seconda pe Geangu.

Banditul se uită cercetător și neîncrezător spre cei doi, ca și cum ar fi vrut să se convingă că e vorba chiar de cei pe care îi solicitase, apoi se uită spre Barabancea, care rămăsese în cadrul ușii.

Heghedu̦s înțelese și îl expedie cu un gest pe Barabancea dincolo de ușa dublă de metal.

— Ei?, întrebă Geangu.

— Domnule șef, urmele din curtea închisorii sînt ale mele, spuse bătrînelul oftînd.

— Cuuum? izbucni fără să se controleze Geangu.

— Nu știu cum fac, dar ies cînd vreau din închisoare. Spun o rugăciune, pe care am învățat-o de la un părinte care a murit, Dumnezeu să îl ierte și în momentul acela pot să fac ce vreau, nimic nu mă mai poate reține.

Se făcu liniște. Hegheduș privi spre Geangu, Geangu își miji pleoapele ațintindu-l pe bătrînelul care părea să se prelingă din hainele prea largi.

— Ce rugăciune zici că spui? îl întrebă acesta pe bandit.

— Păi zic așa: *Doamne, Tu cunoști pricina îngrijorărilor mele, ia-mă în palma Ta și păzește-mă. Fii cu mine în fiecare clipă și nu mă lăsa să alunec sau să mă poticnesc. Ție îți încredințez viața mea și ființa mea, sufletul meu și tot ce am. Rămîi cu noi pînă la sfîrșit și dă sens vieții noastre, pentru ca și noi să rămînem în Tine și să gustăm pacea și biruința deplină în Împărăția Ta. Amin*

Geangu lăsă capul în jos, începu să își maseze fruntea cu degetele de la mîna stîngă. Nu era nici nervos, nici dezamăgit. Părea mai mult plictisit.

— Și zici că dacă spui așa ceva poți să faci ce vrei?

— Da, pot să fac ce vreau, zise oarecum mai semeț moșneagul.

— Bun, spune acum rugăciunea asta a ta și fă ce îți trece prin cap.

Banditul închise ochii și începu să murmure neinteligibil. Buzele i se țuguiară. Cîteva frisoane îi zgîlțîiră umerii.

Geangu și Hegheduș îl urmăriră cîteva minute contrariați. Apoi bătrînelul reveni în realitate. Deschise ochii și îi fixă pe cei doi:

— Da, acum am fost pînă în Rădăuți, unde o am pe fiica mea cea mai mare, este bucătăreasă la restaurantul pieței. Mă iertați că am întîrziat, am stat și am mîncat niște jumări trecute prin hrean, îmi era poftă.

E clar, spuse Hegheduș, jenîndu-se de aerul serios cu care îl urmărise pe bandit în timpul demonstrației.

— ...'zda, mă-sii! izbucni Geangu.

19

Rapoartele se adunară pe biroul lui Geangu. Scrise cu litere chinuite, de oameni nedeprinși cu această activitate. Mulți dintre ei ar fi săpat bucuroși șanțuri, decît să scrie vreun rînd. Alții își blestemau zilele cînd au decis să vină gardieni la Aiud, acum cînd erau puși la munci „telectuale". Răsfoind rapoartele, Heghedus descoperi că o parte erau scrise de aceeași mînă, că unele semănau flagrant între ele, aceeași mărturisire pusă în gura altui deținut. Era de rîs, dacă nu ar fi fost această situație de plîns.

Geangu scoase la întîmplare un raport și citi literă cu literă ceea ce scria gardianul care anchetase un număr de patruzeci și cinci de bandiți iar în final, la raport, reușise să îngaime doar atît: „Suptsemnatul Molnar D-tru, gardean la sect 1 bandiți cam 37-43 am anchetat 45 bandiți și am constatat că toți sînt vinovați de înaltă trădare de patrie și suptminare a economiei naționale drept care suptsemnez...". Molnar era un fost polițist dintr-o gară din Banat reciclat în gardian. Numele lui fusese implicat într-un scandal în închisoare, fusese prins oferind fotografii cu femei despuiate deținuților, decupate din niște reviste de dinainte de război, în schimbul unor sume de bani. Desigur, era vorba despre cei care ar fi deținut bani în acele condiții. Culmea era că au fost cîțiva care au cumpărat asemenea fotografii, mai ales deținuți de la semiliber, adică acei care munceau la niște ateliere de tîmplărie de unde mai făceau rost de cîte un bănuț. Cînd a fost prins, Molnar a declarat că intenționat făcuse acest lucru, întinsese o cursă deținuților ca să vadă care dintre ei are bani, ca să-l toarne comenduirii. Probabil că plătise pe cine trebuia, așa că Molnar rezistase în funcție. Deținuții care cumpăraseră pozele deocheate, în schimb, ajunseseră la Zarcă.

Următoarele rapoarte erau aproape identice, scrise parcă pe același calapod. Răsfoindu-le Geangu își aminti de perioada milităriei sale cînd, la trupă fiind, scria scrisori în numele unor camarazi neștiutori de carte. Scrisorile plecau din Rîmnicu Sărat către sate din toată țara, ducînd cu ele mesaje standardizate de la bieții trupeți. Aduse de poștă la destinație, scrisorile ajungeau la familie, care nici ea nu prea se descurca, de cele mai multe ori, cu alfabetul. Așa că părinții plecau cu scrisorile la preotul din sat sau la învățător. Numai că, la un moment dat, Geangu a început să se țină de glume, multe nesărate, scriind aberații în epistolele care plecau cu lipiciul bine lins de expeditor. Și asta mai ales cînd era vorba de pifani, începătorii în ale milităriei. Ce le era dat să audă bieților părinți, atunci cînd preotul satului primea cinci ouă ca să le deslușească scrisoarea de la fiul lor plecat soldat? „Dragi părinți, să știți că am plecat bou de acasă și mă întorc la vară vacă. Să știți că mă descurc cu armata, am ajuns să fiu prostul companiei de rîd și curcile de mine cînd mă văd. Flenduros ca mine nu mai există pe aici, îmi put picioarele, curul și gura... Să-i spuneți Ilenei lui Sărăcilă că dacă se mai regulează cu flăcăii din sat o belesc și îi pun pielea la saramură...". Și așa mai departe. Bieții părinți cînd auzeau așa bazaconii din scrisorile de la feciorii lor se puneau pe un plîns zdravăn, crezînd că depărtarea le smintise copiii. Iar ei, bieții, neștiutori, îi purtau o vie recunoștință știutorului de carte care era caporalul Ilie Geangu, care le făcea asemenea prețioase servicii. Se mai întîmpla cînd băieții, neștiutori de carte, trimiteau cîte o scrisoare iubitelor lor, scrisoare dictată lui Geangu. Bieții de ei se forțau o săptămînă ca să adune cîteva gînduri simțite pentru iubitele lor, duminica i le dictau lui Geangu care scria, însă, ceea ce îi venea lui mai bine: „Draga mea iubită slută, cin' te prinde să te..." ș.a.m.d. Bietele fete sărutau scrisoarea, cînd o primeau, după care citeau ele sau preotul satului bîzdîgăniile pe care le conținea. Rușinea le îmbujora obrajii scăldați în lacrimi.

Geangu îl puse pe Heghedus să facă o sinteză a rapoartelor. În afară de cele identice, mai erau unele care conțineau oarece informații. Numai că în lipsa unor indicii concrete, informațiile smulse de gardieni banditilor de deținuți politici erau de genul: urmele provin de la Maica Domnului, vreun sfînt de ocazie în trecere prin zonă, o fantomă, un deținut care a murit în chinuri și acum se întoarce să se răzbune, o iubită care se lasă purtată pe aripile pasiunii, o mamă de deținut, cîteva neveste care escaladau gardurile făcînd ceva vrăji. O minte sănătoasă ar refuza asemenea povești, însă altele, mai credibile, nu păreau să se întrevadă la orizont.

Faptul că generalul Șoavă tăcea nu era cel mai bun lucru pentru Geangu. Ori știa ce se întîmplă, de la vreun informator infiltrat, ori era prins în vreo altă misiune, dar acest lucru nu însemna că nu urma și clipa decisivă. Și aceasta veni.

Întîi a fost sub chipul unui instructor de la Centru care a adus mai multe materiale de prelucrat cu deținuții subliniind că în penitenciar se desfășoară o slabă activitate ideologică. Așa a spus generalul Șoavă. Materialele erau de genul: „Cum să combatem misticismul în rîndul poporului", „Ce așteaptă poporul meu de la mine? Să mă reeduc în spiritul marxism-leninismului" sau „Efortul de autodepășire, dominantă a muncii în societatea noastră nouă". Instructorul a prelucrat materialele cu gardienii, rămînînd ca aceștia să facă același lucru și cu bandiții din celule.

Apoi a sunat cineva din partea generalului Șoavă care ceru de urgență un raport asupra anchetei în ceea ce privește apariția urmelor suspecte din penitenciar.

— Cît de urgent?

— Ieri, îi răspunse acesta.

— Ce să conțină?

— Totul și ceva în plus.

— Dar dacă o parte dintre mărturii sînt aberații, care nu au nimic de a face cu realitatea?

— Asta nu o hotărăsc ei, are cine să analizeze și să tragă concluziile. Ei să spună tot, tot, tot...!

Noaptea Heghedus a fost consemnat să scrie raportul.

Acum îl văd, își spuse Geangu, ori își rupe gîtul, ori e bun de avansat. E o probă a dracului de grea...! Grea chiar și pentru mine.

20

Față în față cu topul de hîrtie albă, Heghedus se gîndi mai întîi la Dumnezeu cel care nu există să îl ajute să scrie raportul. Ce să spună mai întîi? Cum au apărut urmele? Da, asta e o fixare a momentului, dar ce să spună după aceea? Cînd ajunse la anchetarea deținuților și a mărturiilor acestora asupra cazului, se împotmoli. Cum să spună că aceștia susțineau că Maica Domnului a fost cea care a produs urmele? Heghedus se ciupi de obraz, ca să se trezească. Nu, mîna lui refuza să scrie o așa inepție. Sau cum să spună că nevasta deținutului Urdea a fost văzută prin închisoare, că noaptea o călărea bărbatu-său în celulă? Era prea de tot, l-ar crede nebun oricine ar citi o asemenea declarație.

Încercă o frază: „Gardianul Bălăeț Dumitru, care a anchetat un număr de 47 de deținuți, a aflat de la deținutul Griban Mihalache că urmele provin de la Maica Domnului care...". Nu, hotărît lucru, nu putea să continue să scrie așa ceva. Șterse cu mîzgălituri nervoase fraza și se scutură din tot trupul ca și cum s-ar fi trezit dintr-un coșmar. Nici să spună că dracul a fost, nu ar fi mai de crezut. Deși, analizîndu-se odată, Heghedus descoperise că în existența diavolului credea, în timp ce o contesta violent pe cea a lui Dumnezeu.

Mai luă odată la răsfoit rapoartele de la gardieni și de data asta dădu peste unul pe care ori nu-l văzuse, ori îl neglijase. Era semnat de un gardian pe nume Iurie Moscaliuc care scria un lucru demn de toată atenția: *...deținutul Gurii Lovin a fost iluzionist la circul de stat și este posibil să fie la baza urmelor misterioase din incintă.* Heghedus nu-și amintea prea bine cine este acest Moscaliuc și nici de acest Gurii Lovin nu-și amintea în vreun fel. Dar informația îl făcu să-și plesnească fruntea cu palma, să se învioreze brusc. Abandonă raportul, oricum nu mai avea ce să scrie fără să alunece din realitate în paranormal.

La ora cinci fără cinci dimineață sosi comandantul Geangu. Verifică stratul subțire de zăpadă de pe lîngă gardurile penitenciarului și nu descoperi nimic suspect. Nicio urmă proaspătă.

— ...'zda mă-siii!

Heghedus îi raportă despre descoperirea pe care o făcuse între rapoartele, cele mai multe aberante, pe care le avusese la îndemînă.

— *Iluzionist?...*'zda mă-siii!

La ora șase și jumătate Geangu sună la biroul colonelului Șoavă dar nu răspunse nimeni.

— ...'zda mă-siii!

Sună și la șapte și jumătate, dar fără niciun rezultat.

— ...'zda mă-siii!

Abia la ora nouă îi răspunse chiar colonelul Șoavă la telefon.

— V-ați trezit, țucureilor? întrebă acesta. S-au sculat puișorii de bandiți? Le-ați dat lăpticul?

Lui Geangu nu-i convenea această abordare ironică, Șoavă se fixase într-o anumită idee și nu o mai părăsea.

— Dar, tovarășe colonel, lucrurile sînt serioase...

— Serioase? De cînd? Am primit raportul de la voi asupra promenadei de noapte din închisoare? În închisorile de politici de la Gherla, de la Periprava, de la Pitești, de la Muncel se discută acum despre un schimb de experiență cu voi, ca să învețe și ceilalți cum să-i respecte pe bandiți... Ați făcut un sindicat al bandiților, cu care să intrați la negocieri?

La vorbele colonelului, comandantului începură să-i bubuie urechile, ochii i se împăienjeniră și se hotărî, pe moment, să meargă la București, să raporteze despre comportamentul lui Șoavă... Să spună că este umilit și jignit în permanență, să se plîngă. Dar cine l-ar lua în seamă?

— Tovarășe colonel, tovarășe colonel..., îndrăzni el.

— ... Și apoi, dacă țara asta ar fi păzită așa cum păziți voi disciplina și ordinea, apoi totul ar fi vraiște, comandante. Vraiște! Îi zicem banditului de la politici: „Ce așteaptă poporul meu de la mine? Să mă reeduc în spiritul marxism-leninismului". Dar oare m-am educat eu, gardian al ordinii și al disciplinei, al noii realități pentru care au suferit și au luptat generații după generații? Oare mi-am scos eu din minte acea drojdie a unui mental plin de convenții depășite, oare am eliminat piatra burgheziei din inimă? Că pe fundamentul ei am croit noi greșit o lume pe care o schimbăm greu, greu...

— Tovarășe colonel, tovarășe colonel..., îndrăzni mai departe Geangu, mai rugător parcă de data asta.

Șoavă se opri brusc și pe un ton neutru de data asta, ca și cum și-ar fi ieșit dintr-un rol, îi spuse:

— Da, te ascult.

Lui Geangu i se topiră toate cuvintele de pe limbă, toate gîndurile din creier. Ce să-i spună? Deși așteptase atîta să vorbească, își dădu seama că de fapt nu prea avea ce să spună.

— Hai, despre caz, îl ajută Șoavă. Despre caz voiai să-mi spui. Cazul vostru, cu urmele suspecte apărute în curtea penitenciarului, despre asta voiai să-mi vorbești, nu-i așa? Îl lua ca pe un copil neajutorat, aflat în situația în care e îndemnat de părinți să spună o poezie la comandă, într-o adunare de adulți oricum indiferenți. Un fel de *hai, știm că poți, arată-i și lui nenea că știi să spui o poezie....* Ironia, pe alt ton de data asta, îl buimăci pe Geangu.

— Da, da, cazul nostru...

— Da, știm, au apărut niște urme în curtea închisorii. Era în data de 18 noiembrie. De atunci au mai apărut de cîteva ori...! Hai, spune cu cuvintele tale...! Ușurel. Ați descoperit vreo urmă? L-ați prins pe făptuitor? Nu te intimida, nu te pierde cu firea.

— Ancheta este în finalizare. Avem cîteva piste.

— De exemplu?

— E greu de explicat. Asta și voiam, să ne mai îngăduiți două zile, ca să avem un raport final. Atît, două zile.

— Măi, dar să nu-mi veniți cu explicații și raportări de genul că Maica Domnului a fost...! Sau că a fost vreun sfînt rebel care s-a cherchelit cu vinul de împărtășanie și a sărit gardul la deținuți. Sau că a fost vreo muiere nesătulă care a venit să-și facă mendrele. Dacă veniți cu din astea, vă împușc cu mîna mea, ai auzit? Vreau un bandit sau un gardian. Poți să te autodenunți ca să finalizăm cazul. Că nu anchetăm fantome și spiriduși. Nu băgăm la bulău pe Făt-Frumos și pe Ileana Cosînzeana, bă!

21

Geangu îl chemă de urgență la raport pe acel Iurie Moscaliuc.

Hegheduş se întoarse, însă, cu o veste trăsnet: Moscaliuc murise de vreo două luni, făcuse aprindere la plămîni.

Geangu duse mîna spre buzunar, gata să scoată pistolul, să-l împuște pe acest mesager de vești tîmpite.

— Și atunci, cine...'zda mă-sii a scris raportul?

Hegheduş se uita tîmp spre Geangu, aerul de superioritate subînțeleasă de mai înainte îi pierise. Acum îl apucase un sughiț care se transformase, din cauza eforturilor de a-l stăpîni, într-un guițat oarecum comic.

— *Ghiiiiuîț!*

— E o mînă criminală, sigur!, urlă Geangu.

— *Gîhîiiiț!*

— Cineva ne sabotează din interior...!

— *Uhîîîț!*

— Și își bate joc de noi, de sistem, de partid, de popor...!

— *Guhîț!*

— Măăă, dușmanul de clasă nu doarme! Nu doarme!

— *Guhîț!* îl aprobă Hegheduş.

22

Gurii Lovin fusese iluzionist la Circul Kiev, însă războiul îl prinsese la București. Pe atunci la București se trăia mult mai bine decît în Estul socialist, așa că artiștii căutau să prindă un contract, ceva, ca să răzbată în viață, apoi să plece spre Vest. La București, însă, Gurii se încurcase cu o actriță din trupa lui Constantin Tănase, celebrul cupletist și aici drumurile lui se cam înfundaseră. Fata, cu numele de scenă Carmencita, era deopotrivă dansatoare și actriță, gurile rele spunînd chiar că era și amanta secretă a patronului trupei. Era curtată și asediată de admiratori ca o grădină de trandafiri în floare, lucru care îl făcea pe Gurii să turbeze. De asta, cînd Bucureștiul se umplu de trupe sovietice care voiau musai să-l elibereze de ofițerii nemți care se integraseră vieții din capitala României, Gurii trebui să facă față unui asalt fără precedent la nurii frumoasei Carmencita.

O amenință cu bătaia.

O amenință cu mutilarea, ca s-o scoată din joc și să fie numai a lui.

Le puse gînd rău tuturor celor care se apropiau de fată, avea pistol și era hotărît să-l folosească.

Era nebun.

Cea mai mare nebunie o făcu, însă, în momentul în care se prezentă la patron, la celebrul Constantin Tănase și își oferi serviciile, renunțînd la toate contractele de la circ și la gîndul cu care plecase de acasă, acela de a ajunge la Paris.

— Ce ai putea face? îl întrebă Tănase.

— Iluzionism, i-a răspuns Gurii.

— Poți să lași o sală de spectatori în pielea goală? îl întrebă cu interes celebrul actor.

— Pot, a răspuns fără ezitare Gurii.

Și Gurii a pornit ușor.

La primul spectacol a rupt biletele la intrare și le-a subtilizat curelele de la pantaloni ofițerilor ruși care se îngrămădeau la reprezentație. A făcut-o cu multă rîvnă, convins fiind că toți ofițerii veneau la teatru ca s-o vadă și s-o curteze pe Carmencita. Cînd s-au ridicat în picioare aceștia, ca să aplaude pe dansatoarele dezlănțuite după un *french cancan*, toată lumea putu să vadă cum le cădeau nădragii nefericiților rămînînd în chiloții gri, cazoni. A fost un hohot general.

A doua zi Tănase a fost chemat la comenduirea sovietică și a fost pus să dea explicații în fața unui comisar politic adus special să rezolve întîmplarea care făcuse și deliciul presei de scandal. Tănase a făcut-o pe-a niznaiul, nu a recunoscut nimic. Cel mult a sugerat că ofițerii fuseseră, probabil, beți și se exhibaseră în public la vederea dansatoarelor.

Comisarul înghiți în sec de oroare.

La următorul spectacol, la care a participat însuși comisarul politic sovietic care îl anchetase, Tănase a interpretat un cuplet care îi viza pe ocupanții de la est care nu țineau cont de înțelegerile încheiate între națiuni și se dedaseră la tot felul de furtișaguri:

„Rău era cu der, die, das
Da-i mai rău cu davai ceas
De la Nistru pîn' la Don
Davai ceas, davai palton
Davai ceas, davai moșie
Harașo, tovărășie".

Sala a fost în delir. Comisarul politic, temutul Alexandr Simionenko, a plecat vînăt de furie, iar pînă la miezul nopții o patrulă a dus la teatru un ordin prin care actorului i se interzicea să mai evolueze pe scenă. I se pusese pumnul în gură. Spectacolele nu fuseseră, însă, interzise, ofițerimea avea nevoie de divertisment, acum că războiul din Vest evoluase destul de promițător, iar pacea care se discuta prin cancelariile lumii era la discreția lui Stalin și a camarilei sale.

Seara următoare comisarul reveni la spectacol, ca să se convingă că ordinul îi fusese ascultat.

După cîteva reprize de dans și acrobație ușoară, pe scenă apăru însuși Constantin Tănase. Era îmbrăcat într-un palton mai mare cu cîteva numere. Pe gură își lipise o bucată de pînză albă. Își dezveli brațele care erau pline de ceasuri. Apoi își descheie paltonul și pe pieptul descoperit trona un ceas mare, cu pendulă.

Cînd încetară aplauzele și hohotele de rîs, Tănase își dezlipi pentru moment pînza de pe gură și spuse cu subînțeles, arătînd spre ceas:

— *El tic, eu tac, el tic, eu tac...!*

A fost prăpăd de ovații. Comisarul care nu înțelegea subtilitățile limbii române, a cerut lămuriri unei ordonanțe. I s-a tradus replica. Se învineți de furie. Și ca și cum lucrurile nu ar fi fost îndeajuns, aici interveni și Gurii care făcu să cadă din tavan ceasuri cu nemiluita peste publicul în delir. Erau ceasuri elvețiene care cădeau ca nucile toamna, lovindu-i cu zgomote seci pe spectatorii uluiți.

Toți își înfundară buzunarele cu ceasuri, însuși comisarul sovietic luase vreo cîteva, ca să le aibă ca probe la anchetă.

La ieșire însă, toată lumea descoperi că se pricopsiseră cu capace de bere „Luther" sau „Dreher-Haggenmacher", mărci populare în Bucureștiul interbelic.

A doua zi actorul a fost chemat la garnizoana sovietică, la interogatoriu.

A treia zi a murit, după ce a făcut o congestie pulmonară, de la o bere prea rece băută, zice-se, într-o zi de vară toridă.

Gurii era distrus: se simțea vinovat. Era convins că dacă nu ar fi făcut numărul cu ploaia de ceasuri, execuția actorului nu ar fi avut loc.

Degeaba îi explicau cei din jur că nu avea nicio vină, degeaba Carmencita îi cerea să plece cît mai iute din București, spre Occident, așa cum făcea mai toată lumea cu ceva posibilități, Gurii se prezentă la comandamentul sovietic și ceru să vorbească cu comisarul politic. Cînd ajunse în fața acestuia, Gurii se apucă să se învinovățească în legătură cu seara în care făcuse să plouă cu ceasuri deasupra publicului, fapt care determinase, după părerea lui, moartea lui Tănase. Îi mai povesti comisarului politic despre farsa pe care o făcuse cu curelele de la pantalonii ofițerilor, din altă seară.

Comisarului politic îi plăcu Gurii și se decise să-l folosească în serviciul său. De aceea, după ce îl liniști în privința autoînvinovățirii, după ce îl convinsese pe acesta că și el, Alexandr Simionenko, se distrase de minune la spectacolul lui Tănase și că moartea acestuia fusese accidentală, îl pofti pe Gurii să ia cina împreună. Gurii acceptă.

Seara, la Gambrinus, Gurii veni însoțit de Carmencita. Asta a declanșat, de fapt, drama vieții lui.

Au descoperit că toți știu rusește, Carmencita fiind, de fapt, născută la Bălți, mama fiind rusoaică din Kahul. Numele ei real era Iulia Panamorenko. De asta toată conversația a fost în rusește.

La așa descoperire au început cina cu o vodcă.

Noroc!

Spasiba!

Pentru frumusețea dumitale!

Pentru sfîrșitul războiului!

Pentru frăția româno-sovietică!

Au început masa cu pateuri franțuzești, la modă în restaurantele mari ale Europei, au continuat cu șnițel vienez, iar la desert au comandat *blinii* rusești.

Au băut șampanie franțuzească. Multă. Au mai luat cîte un intermezzo de vodcă, pentru revigorare.

La miezul nopții cîntau toți trei, în rusește, *Baikalul cel sfînt*, acompaniați de un violonist apărut ca din pămînt la masa lor.

A doua zi Carmencita a fost invitată să ia prînzul cu comisarul sovietic la restaurantul Ambasador. A acceptat.

A treia zi a refuzat să-l mai vadă pe Gurii, a pretextat că are dureri mari de cap și îi recomanda acestuia să o lase o vreme în pace.

Gurii a turbat.

Seara a fost reținut de o patrulă sovietică, în timp ce încerca să sară gardul la locuința comisarului Alexandr Simionenko înarmat cu un pistol și cu o baionetă de război.

A doua zi însuși comisarul l-a vizitat la arest și a cerut să fie lăsați să discute între patru ochi.

Comisarul, extrem de ceremonios, îi propunea să părăsească Bucureștiul, cît mai grabnic, să o ia spre Viena, îi asigura el costurile călătoriei și protecția.

Gurii a sărit să-l strîngă de gît. A fost arestat de-a binelea și judecat la urgență, în condiții de război. A primit cinci ani de detenție, pentru agresarea însemnelor militare, pentru ultraj și alte capete de acuzare care decurgeau de aici. A ajuns la Jilava. În 1949 a fost pus în libertate, dar a fost arestat rapid pe cînd încerca să treacă granița spre Serbia, cu gîndul de a ajunge la Viena, acolo unde aflase că s-ar fi refugiat, o vreme, Carmencita.

De data asta încadrarea juridică a devenit mult mai complicată, a fost trecut în categoria dușmanilor poporului și a primit douăzeci și cinci de ani de închisoare, la politici. Gurii își făcu un calcul: avea douăzeci și opt de ani, la ieșire, în condițiile în care nu ar fi prins nicio amnistie, ar fi avut cincizeci și trei, ar fi fost încă în putere ca să o găsească pe Carmencita. Ca să se răzbune, sau ca să o recucerească? Aici nu îi era foarte clar, dar se decise că merită să aștepte. De asta luă lungul drum al închisorilor ca pe un ocoliș pe care i-l propusese soarta pînă la limanul pe care i-l pregătise. Și reținuse de la Tănase un lucru pe care acesta îl spusese odată, la o repetiție, fără să-i acorde vreo importanță specială, dar în care își regăsise ceva din zbuciumul său: *Idealurile se aseamănă cu stelele: nu poți ajunge la ele, în schimb te poți orienta.*

I se păru că acest lucru justifică zbuciumul său.

Era un deținut model. Strîngea din dinți și aștepta să treacă timpul. Vorbea rareori și tot rareori făcea confesiuni.

Cea mai mare parte a timpului compunea și recompunea ca într-un puzzle imaginile și momentele în care fusese cu Carmencita. O iubea în continuare ca un nebun. O iertase pentru tot ce-i făcuse. Uneori ducea mai departe, cu gîndul, povestea lor, o aducea pînă în prezent.

Mariaj, copii, tihnă și iubire.

Uneori totul se întîmpla în Kievul copilăriei sale, dar în cele din urmă stabili locul visului său la București. Definitiv. Aveau doi copii, Grigoruță și Maria. Grigoruță, care de fapt era Grigorii, după numele tatălui său, era un zdrahon de băiat, care creștea de la zi la zi mai frumos și mai neastîmpărat, îmbrățișînd o carieră de medic. De ce medic? Gurii respectase întotdeauna profesiile care dădeau oamenilor autoritate în comunitățile lor. Și cea de medic era una dintre ele. Carmencita nu prea era de acord cu aceasta, ea ar fi vrut ca Grigoruță, căreia ea îi spunea Grig, să fie violonist și să cînte într-o orchestră mare sau să fie un cîntăreț renumit, care să ridice sălile în picioare la o simplă apariție. Cît despre Maria, aceasta era firavă și avea un ten alb, alb, cu o privire veșnic speriată. Era doar o impresie, de fapt. Maria era puternică, era frumoasă, era inteligentă. Gurii o vedea actriță sau pictoriță. Carmencita o vedea medic sau soție de diplomat, așa cum văzuse ea, în serile de spectacol de la teatrul „Cărăbuș", că arătau soțiile de diplomat, care veneau la reprezentație. Nu se certau, însă, pentru aceasta, le lăsau copiilor deplina libertate, să aleagă după ce vor fi crescut îndeajuns. Mai intervenea și norocul, mai interveneau conjuncturile, aici erau amîndoi de acord.

Mai avea cîte o ieșire între ceilalți deținuți, care îl situa în categoria ciudaților. Într-o zi îi spuse altui deținut, în timp ce se învîrteau în cerc, în curtea Aiudului, în ceea ce se numea plimbare:

— Azi e ziua fiicei mele Maria. Face unsprezece ani.

— Felicitări. Dar știam că nu ești căsătorit și că nu ai nici copii. E vreun copil din flori? Ai vreun păcat de mărturisit...?

Gurii nu știa ce să răspundă, regreta slăbiciunea de moment și că se confesase și reluă, cu vinovăție, viața sa de familie din minte. Erau multe lucruri de făcut, de pus la punct. Timpurile nu erau chiar normale, după război sînt o mulțime de privațiuni pe care el, ca tată responsabil, trebuie să le depășească. Copiii și nevasta nu trebuie să simtă nimic din greutățile vieții, ei trebuie doar să trăiască, să se bucure. El, Gurii, era pregătit pentru asta, nu precupețea nimic ca să le asigure un trai decent.

Dar deocamdată era în celula numărul 137, la un loc cu alți opt deținuți, toți considerați dușmani ai poporului, așa că își ascunse într-un ungher al minții familia cu toate problemele ei. Nici nu voia să le pericliteze liniștea, cea la care el și ei consimțiră în atîția ani.

— Da, prezent, spuse el cînd îl strigă destul de răstit gardianul de tură, Petru Macoviciuc.

23

Pînă la prînz Geangu se ocupă de chestii sîcîitoare, administrative. Contrasemnă procese-verbale de deces, că bandiții mureau, 'tu-le mama lor!, era singurul mod de a pleca legal din închisoare. Dimineața erau scoși, erau împachetați și duși la Rîpa Robilor, unde erau aruncați în gropile cu var, ca să nu împută aerul clasei muncitoare care trăia în zonă. Înainte de a fi duși la groapă erau ținuți cîteva ceasuri pe ciment, într-un fel de purgatoriu, o sală mare și igrasioasă, ca să se convingă toată lumea că nu se prefăceau. Circula ceva folclor pe seama unor evadări puse la cale în acest mod, dar nu erau decît povești imaginate de minți înfierbîntate. De cele mai multe ori, dacă vreun cadavru stîrnea suspiciuni, mai era înțepat o dată, de două ori în inimă, ca să nu existe dubii. Că bandiții și morți tot bandiți rămîneau.

În dimineața asta a fost o producție bună de morți: cinci. Primul certificat de deces era al unuia Gore Calapăr, un fost angrosist de cereale din Brăila, un bandit care scufundase o barjă cu grîu în Dunăre, intenționat, doar ca să nu ajungă grîul pe mîna clasei muncitoare, care trebuia, în opinia lui, înfometată. A primit inițial unsprezece ani de închisoare care au fost sporiți la șaptesprezece, deoarece banditul a declarat la aflarea sentinței că nu regretă faptele și că dacă ar fi în libertate ar da foc la toate depozitele sale de grîne, numai să nu ajungă în mîinile puturoșilor. Nu a rezistat în închisoare decît șase ani, restul anilor de pușcărie a rămas dator lumii acesteia. Murise de foame, din cîte se spunea, refuza sistematic masa gratuită pe care i-o dădeau Statul și societatea, pe care dînsul le disprețuia. Un bandit.

Următorul era un avocat celebru din București, George Pascu, care apărase la proces un grup de legionari închiși prin anul 1941. El spusese că nu-și făcuse decît datoria de avocat, dar să aperi niște elemente declasate nu-i de ici, de colea, oricum te contaminezi de ideile lor. Murise de inimă. Inimă rea, pesemne.

Alt mort era un cetățean călugăr, Dimitrie Bogoslov, cunoscut ca Daniil, un bolnav de misticism, care ascunsese în mănăstirea sa de pe lîngă Râmnicu Vâlcea un soldat german, rămas de pe urma frontului, îl îmbrăcase în haine negre, de călugăr, fără să anunțe autoritățile. Mai mult, îl învățase pe neamț să facă pe surdo-mutul, ca să nu se prindă lumea. Numai că la o percheziție la mănăstire, cînd acest Daniil tocmai încasa niște șuturi în coaste ca să lase organele de miliție să verifice în beci și în magazie, dacă nu e ceva suspect, neamțul surdo-mut se trezește șpreheind: *Sir, bitte nicht schlagen mein Freund...!*.Sau cam așa ceva. I-au înfundat pe amîndoi. Neamțul a ajuns pe mîinile sovieticilor eliberatori, călugărul a înfundat pușcăria ca trădător de patrie, ca element periculos. Despre acest Daniil circulau tot felul de povești prin închisoare, una mai năstrușnică decît alta. Că răspîndea în jurul lui miros de busuioc...!

Cum să miroasă a busuioc, cînd se știe că bandiții nu miros decît a mort? Că vindecase cu o fiertură de paie nu știu cîți alți bandiți bolnavi de ulcer! Că și gardienii apelau pe ascuns la tot felul de închipuiri ale acestui individ infestat de misticism, care susținea că poate cu o rugăciune să oprească ploaia sau să o pornească.

Cauza decesului? Medicului i-a fost greu să formuleze una, la cele cincizeci de kilograme ale unui ins de un metru și optzeci și cinci, era dificil să stabilești care organ funcționa normal. I-au trecut congestie pulmonară, pentru că înainte de a muri tușise de cîteva ori.

Apoi s-a uitat pe certificatul de deces al altui bandit. Era un fost ministru din guvernul Goga, Veniamin Rogumete, care fusese și în echipa de negociatori a guvernului Antonescu la discuțiile cu Hitler privind soarta României de după război. Brrr! Bandit mare! Ăștia duc pe conștiință păcate mari, e mai bine să scapi de ei din pușcărie...! Cauza decesului? Diabet. Și gută. Boli boierești. Un mare bandit! Cale sprîncenată, moșule!

A, uite și poetul nostru...! Scripcaru Raț George. Vîrsta? 37. Cauza decesului? Degeaba a pus doctorul că a murit de congestie pulmonară și stop cardio-respirator, că ăsta sigur a murit de sifilis. Că avea ceva la cap, cu siguranță, comentă cu voce tare Geangu.

Poetul George Scripcaru Raț era o figură. Era ceea ce s-ar numi un fluture turmentat de lumina lămpii. Cred că nici el nu știa limpede de ce este închis, cum nici din dosarul său nu reieșea nimic clar. Ciudat era că nu protesta niciodată cînd era bătut sau umilit, lua totul în ușor, cu un aer de adolescent care nu se decide să devină matur. Sau care nu reușește să devină matur, nici chiar în condițiile din închisoare. În actul de condamnare, care îl scosese din societate pentru vreo paisprezece ani, erau trecute acuzații de genul: complicitate la destabilizarea ordinii de stat, tăinuire de informații, relații cu persoane politice dubioase. În fapt, George Raț, poreclit Rățoiul în cercurile boeme, era prieten cu toată lumea, frecventase cursurile lui Nae Ionescu din snobism, scrisese un cuvînt favorabil într-un ziar obscur despre o carte a lui Noica fără să o fi citit cu adevărat, era agreatul femeilor cărora le dedica cu mare ușurință poezii spumoase. La dosar era reținut și un text incriminatoriu, care dovedea acuzația de propagare a obscenității, condamnată și aceasta de *Codul penal*, care începea cam așa: „Fetelor, țineți-vă pizdele la mare preț,/ Băieții toată ziua visează la ele,/ Nu vă lăsați încălecate pe degeaba/ Ei mai degrabă ar vrea o pizdă/ Decît o călătorie spre stele...". Poezia asta și altele circulau, de altfel, ca folclor între deținuți, dar nu erau lăsate deoparte nici de gardieni. Se zice că poezia asta o cîntase, prin cafenele, pînă la fuga sa din țară, însuși Jean Moscopol, numai că nimeni nu știa melodia. Adevărata poveste a poetului George Raț, care îl adusese în închisoare, pare să fi fost, însă, alta. Se îndrăgostise, în timpul războiului, de o pianistă care cînta la un club privat, undeva în zona Capșa. Numai că pianista, o anume Sara Breinștein, deținătoarea unei fabrici și a unui șir de magazine de bijuterii pe Corso, avea, la momentul cunoștinței lor, vreo 82 de ani. Iubirea poetului însă era oarbă. Și pătimașă. George Raț se jura că iubita lui, în momentele de intimitate își dădea jos armura bătrînă și se preschimba într-o jună de 20 de ani. Făcea vrăji? Posibil. Era vrăjită? De ce nu? Imaginația poetului nu avea limite. O vreme toți cunoscuții lui George au crezut că nebunia acestuia era legată de averea Sarei. Dar cînd Statul i-a naționalizat toate bunurile și a scos-o și din vila de la Șosea, George s-a zbătut și a găsit o mansardă în care s-au mutat împreună. Deși vremurile luaseră întorsături dramatice, cunoscuții celor doi erau, totuși, consternați. Așa o poveste de dragoste mai rar. Numai că mama lui George, o femeie cu capul pe umeri, croitoreasă la niște ateliere nou înființate la Grivița, nu se împăca cu ideea că băiatul ei se încurcase cu o femeie mai bătrînă și decît bunică-sa. De asta, după ce o amenințase pe Sara cu o chelfăneală zdravănă și că o să-i facă praf peruca aceea care mirosea a mort, după ce încercase să-și izoleze băiatul, s-a prezentat la noua Securitate, care acționa și la atelierele unde lucra și a făcut un denunț prin care spunea că Sara și băiatul ei, George, vor să fugă din țară. Că ea aflase de plan de la băiatul ei, care i se destăinuise. Securitatea a intervenit brutal în viețile celor doi anchetîndu-i. Sara nu a rezistat decît două zile și și-a dat sufletul în arestul din Rahova. Ultimele ei cuvinte, se zice, ar fi fost: „Adio, rățoiul meu drag...!”, cuvinte de neînțeles pentru anchetatorii extrem de zeloși.

Pe George l-au mai anchetat vreo două zile și cînd acesta a aflat de moartea Sarei a recunoscut orice i-au cerut anchetatorii. De asta i-au trecut la acuzații orice pofteau, poetul nu a protestat, ci a semnat fără nici cea mai mică împotrivire. Mama sa ar fi încercat, apoi, să îl scoată din pușcărie, dar nu a mai fost posibil. Se pare că ar fi murit și ea de supărare în gara din Aiud, în drum spre închisoarea unde ajunsese, între timp, băiatul ei. Dar nimeni nu știa cu certitudine, viețile celor din închisoare nu prea mai aveau contact cu ale celor din libertate. Cum murise poetul, de fapt? Înghițise niște bucăți de var, care să-i provoace temperatură, lucru care se și întîmplase. Numai că în loc să-l ducă la infirmeria închisorii, pentru o eventuală doză de medicament, gardianul de noapte îi turnase în cap o jumătate de găleată de apă rece ca gheața, ca să-i stingă temperatura. I-o stinsese de tot.

24

— Gurii Lovin? întrebă Geangu.

— Da, răspunse Gurii, aruncînd o privire rapidă peste camera de anchetă, ca și cum ar fi căutat să depisteze orice urmă de pericol. Deși el nu se remarcase prin nimic și nu primise pedepse suplimentare, fiind un deținut rezervat, taciturn, ascultător chiar, știa de la ceilalți deținuți o mulțime de lucruri groaznice despre anchetele din această cameră. Moartea și viața se regăseau prea lesne între acești patru pereți. Era încadrat la politici, deși nu avea nicio legătură cu contestatarii regimului comunist, cu mulțimea de intelectuali de dreapta care intraseră în închisoare doar pentru că îi complexau pe indivizii care luaseră puterea în țară, cu ajutorul trupelor sovietice. În celulă era cu un grup de legionari, oameni cu un sentiment al camaraderiei aparte care îl protejau și pe el ca pe unul de-al lor. Deși nu știa prea multe despre activitatea lor de dinainte, era convins că aveau locul lor în istorie, atunci cînd aceasta se va scrie fără patimă și fără resentimente. El, Gurii, tot atît de bine ar fi putut să fie închis laolaltă cu infractorii de drept comun, deoarece faptele lui nu aveau nicio conotație politică. Dar faptul că voise să-l agreseze pe un comisar sovietic și că voise să părăsească țara, înainte ca aceasta să-l fericească cu noua sa înfățișare, puteau fi și fapte de nebunească disidență. Așa că se resemnase cu această postură, aștepta să treacă timpul cu răbdarea pietrei rostogolită de apă.

În încăpere erau comandantul Geangu, Hegheduș, gardianul Barabancea, fost preot caterisit pentru un viol, zice-se, ajuns gardian renumit pentru modul violent în care îi trata pe deținuți, Crețu, cel poreclit Cocoțoi și responsabilul cu educația ideologică a deținuților, fost militar lăsat la vatră, fost ilegalist al partidului comunist, tovarășul Popoiu.

Tovarășul Popoiu nu făcea practic parte din personalul penitenciarului, el venea uneori, atunci cînd se schimba ceva în orientarea educativă a deținuților, cînd apăreau lucruri noi în procesul de reeducare. Că venise acum, fără să-l fi chemat cineva, putea fi un semn de întrebare pentru comandantul Geangu, care își propuse să fie rezervat cu tovarășul Popoiu, pînă îi află intențiile.

— Gurii Lovin, de ce ești închis? Bandit, bandit, nu-i așa? îl întrebă Geangu care își propusese să fie calm, să stoarcă totul de la banditul care ar fi putut să ascundă teribilul secret al urmelor de pe zăpadă. Nu avea voie să rateze nimic, trebuia să fie prudent și abil. Știa și simțea că violența nu ar fi dus nicăieri, dimpotrivă. Chiar reuși să-i zîmbească banditului.

— Da, dom' șef, bandit, răspunse cu docilitate Gurii.

— Văd că ai încercat să treci la inamic, că ai vrut să fugi peste granița, că ai agresat un înalt comisar sovietic... Grav, grav.

— Da, dom' șef, am greșit, acuma îmi ispășesc pedeapsa.

— Gurii Lovin, observ că sistemul de reeducare asigurat de cadrele noastre a dat rezultate și că ești pe drumul cel bun. Un bandit care își recunoaște vinovăția este pe jumătate recuperat pentru societate, poate să se încadreze între oamenii oneşti ai naţiei noastre, interveni tovarăşul Popoiu.

— Aşa cred şi eu, spuse Gurii.

— Dacă ar fi să repetăm trecutul, ai mai face ce ai făcut? se trezi întrebînd şi Hegheduş, spre dezaprobarea lui Geangu care nu prea accepta ca să se bage altcineva în discuţie, atîta vreme cît el conducea interogatoriul.

— Nu, nu aş mai face greşelile pe care le-am făcut, răspunse Gurii, neatent la schimbul de priviri dintre Geangu şi Hegheduş.

— Am tot spus că mai degrabă îndrepţi un fir de păr creţ, tot înmuindu-l în gură, decît să îndrepţi un bandit din aceştia...!, reflectă Geangu. Dar uite, banditul Gurii Lovin demonstrează că eforturile noastre dau roade. Care este profesia ta din *civilie*, Gurii Lovin?, i se adresă Geangu.

— Artist. Artist de circ şi de teatru. Dar asta a fost demult.

— Ei, dar societatea noastră are nevoie de artişti, ai să revii la circul nostru de stat, avem teatre în care se joacă arta adevărată pentru popor, interveni Popoiu înţelegător.

— Da, dar ceea ce făceam eu nu cred că mai are căutare. Făceam numere de magie la circ, îi înşelam pe oamenii muncii cu trucurile mele. Acum sînt conştient de asta. Făceam artă decadentă, dom' şef.

— Şi ce magii făceai tu, Gurii Lovin?

— Orice i se părea imposibil omului. Făceam să plutească cărţile de joc singure prin aer. Făceam să dispară eşarfele doamnelor şi papioanele domnilor, dacă aceştia îngăduiau.

— Ah, eu am fost la circ, în copilărie, interveni Popoiu. La Turnu Severin veneau vara trupe de circ din Serbia şi

Croația, de la București și din Sofia. Am asistat de multe ori la reprezentații cărora nu le-am găsit vreodată o explicație. Dar erau fascinante. Uite, ai putea acum să faci un truc? Ceva simplu, desigur, avînd în vedere condițiile...

— Nu știu, e greu. Nu am mai făcut așa ceva de multă vreme, îmi trebuie spațiu, concentrare, un medium bun. Îmi trebuie exercițiu.

— Hai, unul simplu, se milogi Popoiu. Fă să dispară batista asta, spuse el și îi întinse o batistă mare, albastră, bine călcată și împăturită.

Gurii luă batista, o desfăcu încet, parte peste parte și o roti, așa mare, desfăcută, pe un deget. Funcționa. Geangu se foi pe scaun. Heghedus rămase cu gura căscată, nările îi fremătau scoțînd aerul șuierat. Apoi cu toții văzură batista plutind prin aer îndreptîndu-se spre Popoiu, aterizîndu-i lin în palmele desfăcute.

Barabancea aplaudă, aplauzele sunară stingher în liniștea care se lăsă. Heghedus închise gura și îl privi pe Geangu.

Cocoțoi luase o poziție de luptă, gata să intervină în cazul în care i s-ar fi cerut. Oricum, puterea sa de înțelegere fusese grav afectată de această demonstrație.

Barabancea își făcu, fără să se controleze, cruce, dar nimeni nu-l băgă în seamă.

Numai Popoiu era fascinat:

— Cum ai făcut? Te rog să-mi spui cum ai făcut. De o viață mă urmărește misterul acestor trucuri.

— Nu știu, nu aș putea să explic cum fac, pentru că nici eu nu știu. Le fac pur și simplu. Ca și cum ai întreba un miriapod cum mișcă cele o sută de picioare... Ți-ar spune că mișcă întîi pe primul din dreapta, apoi pe primul din stînga, apoi pe al doilea din dreapta, apoi pe al doilea din stînga... și așa mai departe, pînă la o sută. Dar la capătul numărătorii absurde nu ar mai fi capabil să meargă. Sau mai simplu, un biciclist. Dacă se întreabă cum de-l țin două roate subțiri în echilibru, se prăbușește. Așa și cu aceste trucuri, le fac fără să știu să le explic. Am exersat, așa le-am învățat.

Popoiu nu era mulțumit de explicație, simțea că era aproape, aproape de tot, de descifrarea unor mistere care îl urmăreau de o viață și nu voia să rateze momentul.

— Uite, zise el, dacă făceai să dispară papioanele domnilor, fă să dispară și cravata mea de la gît. Să văd dacă poți... Își desfăcu haina ca să-i ofere cîmp de lucru lui Gurii, însă descoperi că sub haină nu avea cravată, i se părea curios că uitase să și-o pună.

Geangu se uita prostit cînd la Popoiu, cînd la banditul de Gurii Lovin. Oare cum ar trebui să reacționeze? Nu cumva scăpase lucrurile de sub control?

— Cred că aveți cravata în buzunarul de la pantaloni, îi spuse Gurii lui Popoiu. Și într-adevăr, Popoiu scoase cravata din buzunar, cu trei noduri făcute aiurea de-a lungul ei.

În încăpere se făcu brusc cald. Dar cald rău. Geangu ar fi vrut un pahar cu apă, privi înspre carafa de sticlă de pe masa din dreapta ușii. Și carafa porni prin cameră spre comandant, clătinîndu-se prin aer ca și cum ar fi fost purtată de cineva care își trăgea greu piciorul. În urma vasului, mai sprinten, venea, tot prin aer, paharul gol.

— ...'zda, mă-sii!, scăpă Geangu.

Popoiu aplauda ca un copil.

Barabancea își făcu iarăși cruce.

Heghedus se lipise cu spatele de perete.

Gardianul Crețu își mușcă buzele pînă ce sîngele îi șiroi pe bărbie.

Gurii se uita cu oarece vinovăție spre acea adunare uluită, întrebîndu-se dacă nu declanșase cine știe ce lucru nepermis în acel loc. I se făcu brusc frică pentru familia lui din minte, cea care îl aștepta clipă de clipă, pentru care trăia, căreia i se dedicase, care îl înconjura cu o infinită dragoste. Și oftă. Oftatul său căpătă oarece materialitate în încăpere, Geangu se trezi din starea de uluială. În mîna stîngă ținea carafa plină, în dreapta avea paharul gol, dar nu îndrăzni să bea apă, i se făcuse chiar frică de lichidul din vas. Dacă era vrăjit, otrăvit? Lăsă, prudent, carafa și paharul pe masă. Numai că ambele vase porniră îndărăt, șontîc, șontîc, spre masa din dreapta ușii, unde le era locul.

Îi era limpede acum că numai Gurii ar fi putut să facă urmele de pe zăpadă. Întrebarea era, acum, alta: de ce ar fi făcut-o? Că numai cineva care avea oarece intenții ar fi făcut urmele, ar fi stîrnit panica din penitenciar. Iar dacă ceva rău se întîmplă, acel rău nu putea fi îndreptat decît împotriva comandantului, adică a sa. De asta, trebuia să afle cine era în spatele acestui bandit, a acestui magician stăpîn pe niște taine, inexplicabile pentru el, care nu deținea cunoștințe în domeniu, dar sigur că oamenii partidului, care explicaseră cîte în lună și în stele, dezlegaseră corect și aceste mistere. O să întrebe la Centru, o să afle adevărul adevărat...!

Trebuie să fiu atent, să nu mă facă banditul, își spuse Geangu. Trebuie să-l fac să se descopere pînă la capăt, să văd ce mai poate face, ca să putem să-l contracarăm în perspectivă. E un bandit periculos. Periculos rău.

— Am văzut că poți să faci lucrurile să dispară, că poți să transporți prin aer un vas plin cu apă, dar ai putea să descui o ușă încuiată cu cheia? Hai, că sînt și eu curios, am și eu curiozitățile mele.

— Pot, zise Gurii.

Geangu se apropie de ușă, o încuie cu cheia iar cheia mare o puse în buzunar.

Gurii se uită la Geangu, Geangu se uită la Gurii, Barabancea își făcea cruce, din cînd în cînd, spre exasperarea lui Hegheduș. Popoiu aplauda fără zgomot urmărind toate gesturile lui Gurii. Era fascinat. Și în acea liniște încordată cu toții văzură cum cheia se strecură din buzunarul lui Geangu, cum o luă prin aer și se înfipse în încuietoarea ușii, ezitînd puțin la intrare, ca și cum ar fi fost incomodată de semiîntuneric. Apoi se roti de două ori și ușa se deschise.

— Dacă ai așa calități, cum de ai ajuns în închisoare? îl întrebă sincer descumpănit Popoiu.

— Nu știu, nu am folosit niciodată calitățile mele decît ca divertisment. Nu le-am folosit niciodată în scopuri personale, altele decît cele artistice. Nu sînt un circar, sînt un artist, domnilor!

Îl priviră altfel decît pe un oarecare bandit din acea teribilă închisoare. Era vorba chiar de respect. Geangu se gîndi deja cum să-l folosească în activitatea sa viitoare, docilitatea lui Gurii fiind un argument în favoarea planurilor sale. Îl va ține aproape, i-o va face și lui Șoavă, dacă Șoavă va mai veni la penitenciar cu pretențiile sale absurde. Ah, de l-ar prinde la înghesuială pe Șoavă, să se răzbune în vreun fel cu ajutorul lui Gurii!

Hegheduș care se pregătise să scrie un proces-verbal de anchetă se rezumase doar la dată și la consemnarea comisiei care ancheta. Ar fi trebuit să scrie ceva, dar nu știa ce. Va scrie mai apoi procesul-verbal, după ce se vor lămuri lucrurile? Nu era în practica curentă, dar lucrurile se succedaseră prea repede. Îl întrebă pe Geangu:

— Ce să scriu în procesul-verbal?

Consemnează tot, e un moment istoric, îi spuse Popoiu, luîndu-i vorba din gură lui Geangu.

— Da, da, consimți Geangu, notează tot. Tot.

Și Heghedus se apucă să scrie pe scurt, ca să nu piardă secvențele importante. Va reveni, desigur, pentru a scrie mai pe larg acest proces-verbal care consemna fapte ieșite din comun.

„Deținutul Gurii Lovin cu numărul de identificare 3769, încadrat la tulburarea ordinii de stat, tentativă de trecere frauduloasă a frontierei și atac la un comisar sovietic, recunoaște faptele pentru care a fost închis și le regretă. De meserie artist de circ, la anchetă a făcut să plutească batista tovarășului Popoiu. Apoi a făcut să dispară cravata tovarășului Popoiu. A făcut să plutească o carafă cu apă și un pahar, înainte și înapoi, pînă la tov. comandant Geangu. Apoi a descuiat ușa de la camera de anchetă fără să atingă cheia..."

În încăpere a fost atît de liniște cît timp Heghedus a schițat raportul, încît se auzea scîrțîitul peniței pe hîrtie, zgomot care stîrnise, se pare, respectul tuturor. Recitind însă textul, Heghedus resimți o oarecare neliniște, oare cine va crede toate acele lucruri care nu aveau nimic în comun cu o anchetă la teribila închisoare pentru politici de la Aiud?

— Poți tu, Gurii Lovin, să transformi apa în vodcă?, îl întrebă dintr-o dată Barabancea, care se vede că avea cunoștințe din *Biblie*, după ce fusese preot într-un sat din Vaslui vreo zece ani.

— Lui Gurii îi căzu bărbia în fața unei asemenea întrebări ciudate.

— Poți sau nu poți? reveni inchizitorial Barabancea.

— Pot, spuse Gurii.

— Ca la Cana Galileea?

— Ca la Cana Galileea, spuse bîiguit Gurii.

Adunarea aceea se însufleți dintr-o dată.

Aduceți vase cu apă, multe vase cu apă, ordonă înviorat și Geangu. Era mulțumit că intuiția sa fusese bună, cazul urmelor din incintă fusese, cu siguranță, rezolvat. Îi va da peste nas lui Șoavă mîine, cînd îi va înainta raportul. Ah!

Și Barabancea cu Crețu și Heghedus au adus șase marmite de cîte douăzeci de litri fiecare, pline cu apă, dintre cele care asigurau rezerva de la birourile administrației, în cazul în care se întrerupea apa de la rețeaua publică, lucru care se întîmpla destul de des.

Și toți l-au văzut pe Gurii cum s-a concentrat asupra fiecărei marmite, cu ochii bulbucați ca ai unui apucat de boli ciudate. Și fără să se atingă de apă, Gurii îi spuse lui Heghedus:

— Luați acum un pahar și dați-i domnului șef să guste.

Și Heghedus s-a conformat, a luat cana de tablă de pe masă, a umplut-o cu lichidul din prima marmită și a întins-o comandantului Geangu. Și Geangu a gustat și s-a minunat de cît de curată și de gustoasă era vodcă aceea, nu avea nimic din gustul greoi de petrol al vodcii de pe piață, cînd te strîmbai de la prima înghițitură. Și a dat cana cu vodcă mai departe și au băut toți și toți au recunoscut că nu au băut așa vodcă în viața lor.

Apoi au gustat din cea de a doua marmită și vodca era la fel. Au gustat și din a treia și din a patra și din a cincea și din a șasea. Rezultatul a fost același, aceeași uimire în fața calității de necontestat a băuturii.

Și Geangu, văzînd figurile uimite și gurile pofticioase ale asistenței, dădu ordin ca cinci din cele șase marmite să fie depozitate în biroul său, sub cheie, iar cea de a șasea să fie împărțită între ceilalți, după ce se vor fi săturat în acea noapte.

— La așa băutură fină, spuse gardianul Crețu, zis Cocoțoi, ne-ar trebui ceva de mîncare.

Și toți s-au uitat cu oarece nădejde spre Gurii, dar acesta nu se arătă deloc interesat de mîncare, așa că Barabancea se oferi el să aducă ceva bucate de la cantină. Dar la cantină era închis, așa că Barabancea ceru voie comandantului să iasă din închisoare și să aducă ceva din oraș, de la vreun magazin. Dar la alimentara din apropiere, după ce a trebuit să-l scoale pe gestionarul care avea prăvălia cooperației în propria casă, Barabancea nu reuși să ia decît o bucată de slană, de vreo trei kilograme, singurul aliment care zăcea între săpunuri, cizme de cauciuc, cuie și uneltele agricole necesare în sezonul de vară. Oricum era ceva.

25

Beau vodca în căni de tablă și mușcau spornic din fîșiile unsuroase pe care le tăiase Barabancea. Deși Gurii nu băuse alcool decît foarte rar, la ocazii, în viața lui, de data aceasta a trebuit să cinstească o primă cană din lichidul din marmită, laolaltă cu toți ceilalți, ca să le demonstreze că nu făcuse nimic necurat, că vodca nu era, Doamne, ferește, otrăvită. După primul rînd de căni, mai chemară pe cîțiva dintre gardienii de pe sectoare să guste. Aceștia veniră și surprinși de ceea ce li se oferi, nu se mai dară duși. Pe sectoare era liniște. Deținuții aveau liber la somn și la visare. Mama lor de bandiți!

Dar dacă colonelul Șoavă ar fi avut puterea să se uite, de undeva de sus, la ce se întîmpla în sala de anchetă de la teribila închisoare pentru deținuți politici de la Aiud, în noaptea zilei de 11 spre 12 decembrie a anului 1960, ar fi putut vedea scene de-a dreptul incredibile.

Stop cadru

Comandantul Geangu îl ține pe după gît pe deținutul Gurii Lovin, povestindu-i cît de absurd se comportă superiorul său, Șoavă. Apoi îi cere ca la prima vizită la penitenciar să-l răzbune cu ajutorul puterilor lui miraculoase.

Gurii îi promite, în timp ce îi umple din nou cana cu vodcă.

Gurii îi povestește lui Geangu cum i-a lăsat pe ofițerii sovietici fără centuri de le-au căzut nădragii în plin spectacol la teatru.

Geangu rîde pînă la lacrimi imaginîndu-și-l pe Șoavă cu pantalonii căzuți în vine, în timpul unei inspecții prin închisoare.

Sau Gurii să-i subtilizeze cravata kaki de care nu se desparte niciodată, să-i toarne ciorba pe pantaloni la popotă, să-i scoată batista din buzunar și să o facă să plutească prin curtea închisorii.

Geangu a depășit faza rîsului uman, acum a trecut la grohăit. E fericit și răzbunat.

Barabancea l-a înghesuit într-un colț pe Heghedus și îi face declarații înfocate, obrazul lui Heghedus s-a împurpurat, mai nu vrea, mai se lasă. Cănile se alimentează mereu din marmita care pare să nu aibă fund.

Un alt gardian, care venise mai tîrziu, de pe sectoare, a tras din salteaua de pe singurul pat din încăpere un pai și a descoperit că e, de fapt, o macaroană. Imediat ceilalți au desfăcut salteaua și au început să ronțăie macaroanele atît de gustoase, atît de gustoase. Hoțule, îi spuse gardianul Bivolaru lui Heghedus, macaroanele astea le țineai numai pentru tine! Heghedus se jură că nu știa ce se află în saltea, se înfruptă și el din macaroanele care aveau un gust destul de plăcut. A vanilie, parcă.

Apoi Geangu propuse ca toată acea adunare să improvizeze prima vizită în închisoare a lui Șoavă. În rolul lui Șoavă a fost numit, de către Geangu, Heghedus. Vizita începea de la poarta penitenciarului. Șoavă intra nervos, nici nu dădea bună ziua. Dintr-o dată prin curtea închisorii începură să plutească izmenele puse la uscat în curte, izbindu-l fiecare peste cap pe Șoavă. Acesta se enervează și cere să vină de urgență Geangu. Geangu se apropie calm, cu pasul măsurat. Dintr-o dată cravata kaki a lui Șoavă începe să plutească prin curte, după care se agață în sîrma ghimpată de la gard. Șoavă privește uluit această scenă, în timp ce Geangu face semn cravatei să coboare, o ia în palmă și i-o întinde lui Șoavă. Șoavă este nervos și de nervi cheamă la raport pe toată lumea prezentă în penitenciar. Numai că în acel moment i se desface cureaua la pantaloni și aceștia îi cad în vine. Toată lumea e în hohote.

Geangu se tăvălește pe jos de rîs.

Heghedus este apreciat pentru modul magistral în care îl imită pe Șoavă.

Barabancea încearcă să-l pipăie pe Gurii, numai că degetele de la mîini nu i se desfac, oricît ar fi încercat să le forțeze, vinele i se umflă pe frunte de la efort. Barabancea înjură.

Popoiu doarme cu capul pe masă și sforăie. Deodată se ridică, se uită jur-împrejur, se apropie de marmita cu vodcă, o ridică pînă în dreptul gurii și bea cu înghițituri mari. Crezuse, probabil, că e apă. Se scutură și cu ochii abia mijiți pare să facă o recunoaștere a lumii din jur.

Stop cadru

Și dacă Șoavă ar privi și mai de aproape acea adunare, ar mai avea o mulțime de motive să se mire.

În mișcarea fără rost din camera de anchetă, în acea agitație în jurul marmitei cu vodcă, la un moment dat Geangu își aduce aminte, în mod inexplicabil, de Iurie Moscaliuc, cel care scrisese raportul despre Gurii Lovin, dar care la data scrierii era mort de două luni. De asta se întoarse spre Gurii care încerca să țină piept unei conversații cu gardianul Crețu. Acesta îi mărturisește cît de mult urăște el acest loc, cît de bun este el în adîncul sufletului său, dar fiindcă nu este înțeles, se comportă deseori mai dur. Gurii îl înțelege și îl aprobă.

Geangu îl trage de mînecă pe Gurii și îl întreabă despre Iurie Moscaliuc, gardianul care scrisese în raportul său despre calitățile de iluzionist ale lui Gurii. Gurii îi spune ceva la ureche lui Geangu. Geangu își trage capul uitîndu-se lung la Gurii. Heghedus, care a prins din zbor întrebarea, vine și el aproape. Apoi ușa se deschide și în încăpere intră chiar Iurie Moscaliuc. E palid, are cearcăne, o privire fixă, un costum negru, prea larg, îi atîrnă. A slăbit mult. Părul i-a crescut în neorînduială, are plete chiar.

— Nu e mort, mort, spune Gurii. Iurie e un om minunat care s-a ascuns pentru o vreme, nu a vrut să se mai implice în istoriile astea.

Care istorii? ar fi vrut să întrebe Geangu, dar uită instantaneu întrebarea.

Barabancea îl prinse pe Iurie de mînă, dar mîna acestuia era rece, rece.

— E mort? întrebă Barabancea.

— Într-un anume fel, da. Dar Iurie mai are multe vieți de trăit. De asta, de la Iurie vom mai avea multe surprize.

Popoiu care nu înțelegea cine este noul venit, are brusc conștiința misiunii pentru care se găsea în acel loc. De aceea propuse să se treacă la întocmirea unui raport cu care să se prezinte la Centru.

Dar cine să-l scrie? Heghedus? Acesta se forța, în acele momente, să vomite într-un colț al încăperii, într-o găleată cu care se arunca apă peste deținuții anchetați, cînd aceștia se mai dădeau leșinați.

— Gata, raportul îl va scrie Moscaliuc, că a mai scris, puse lucrurile la punct Geangu.

Moscaliuc a fost de acord.

— Dar cine să dicteze ce trebuie scris în raport?

— Gurii, desigur. E cel care poate să spună cel mai limpede ce are de spus, să recunoască că el a provocat urmele de pe zăpadă, că doar despre asta e vorba, nu?

Gurii a fost de acord.

Moscaliuc a luat loc la masă, acolo unde stătea, de obicei, Heghedus.

Heghedus cu găleata în brațe privea cu ochii sticloși spre grupul care se reordona, în vederea unor momente de maximă seriozitate.

— Scrie, se adresă Gurii lui Moscaliuc.

— Scriu, îi răspunse Moscaliuc gata de atac.

„Raport privind situația din penitenciarul Aiud, în urma anchetei privind apariția unor urme suspecte pe zăpadă...", interveni Geangu.

Moscaliuc scria concentrat, umbre vineții îi lunecau pe frunte.

E un mort frumos, își spuse Barabancea care nu pricepea de ce trebuiră să se oprească din chef, ca să se apuce de scris bazaconii. De aceea, ca să spargă monotonia care părea să ia în posesie acel rest de noapte, propuse să cînte împreună ceva vesel. Și nu mai așteptă confirmarea celorlalți, că începu să cînte, la început mormăit, apoi cu o voce amplă, pregătită pentru slujba din biserică:

— *„Mă dusei la mănăstire,/ Pusei mîna pe psaltire/ Și citii cîteva zile/ Să mai uit cele copile,/ Dar ce-oi face ca să scap/ În nevoie să nu-ncap?....".*

Cocoțoi se dădu alături de Barabancea și îl acompanie cu un mormăit care nu avea nicio legătură cu cîntecul. Geangu, surprins neplăcut de inițiativa lui Barabancea, vru să întrerupă cheful acestuia, dar vocea sa nu se mai auzi. Heghedus își revenise și acum umplea cănile cu vodcă și le împărțea tuturor, fredonînd și el melodia, chiar dacă nu știa versurile.

— *„... Că drumul ce-am apucat/ Mă duce drept la păcat./ Drăguliță, eu văd bine/ Că nu am să scap de tine./ Fă-te-ncalte-o mănăstire,/ Și-mi dă gura de citire,/ Și mă lasă să mă-nchin/ La icoanele-ți din sîn".*

Cîntecul era sfîșietor, glasul lui Barabancea era sonor și melodios. Știa meserie. Fusese preot, ce naiba!

Gurii îi făcu semn lui Geangu să își caute de treabă, că el nu este deranjat de cîntare, că el poate să-i dicteze lui Moscaliuc în orice condiții.

Moscaliuc scria.

Geangu îl țistui pe Barabancea care voia să cînte una popească și începu chiar el să cînte, avea o voce surprinzătoare, de cantor de biserică, ba chiar mai bine:

— „*Ai, Căpitane de județ/ Căpitane de județ/ De ce mă bagi la coteț/ Pentr-un pui de mînzuleț/ Pentr-un pui de mînzuleț/ Că nu l-am vîndut cu preț./ Of, l-am vîndut pe zece mii/ Să iau pîine la copii/ Să iau pîine la copii mă./ Of...*".

Cîntau toți. Hegheduș se urcase pe masă ca să prindă sunetele de sus, în același timp dirija, destul de comic.

Stop cadru cu film voalat

Nimeni nu mai știe cum s-a terminat noaptea. Nimeni nu știe cine l-a dus înapoi în celulă pe deținutul Gurii Lovin, pentru că a doua zi dimineață, la schimbarea gărzii, era între ceilalți, ca și cum nimic nu s-ar fi întîmplat.

Heghedus s-a trezit în biroul lui Geangu, întins pe masa de lucru a acestuia, cu o groaznică durere de cap. Dacă mișca, cumva, capul, clătina cîteva kilograme de cuie extrem de ascuțite, care îi afectau creierul dar și calota craniană.

Geangu s-a trezit pe salteaua cu paie zdrențuită din sala de anchetă. Lîngă el dormea și sforăia Barabancea, care era îmbrăcat numai în niște izmene gri-kaki. Unde se afla restul hainelor gardianului, nimeni nu a putut să spună vreodată. Nu au fost găsite nicăieri, de parcă le-ar fi înghițit pămîntul.

Gardianul Crețu, zis Cocoțoi, s-a trezit pe scările care duceau spre inima Celularului. Nu știa, pentru moment, dacă mergea spre inima Celularului sau se întorcea de acolo. În creier, ca un bîzîit, îi rămăsese un rest de cîntec care îi revenea obsesiv: *„Iubesc femeia!/ De dor nebună/ Femeia brună/ Cu ochi negri de foc...”*. Nu știa nici despre cine e vorba, nici de ce avea melodia asta în cap. S-a refugiat în toaletă și și-a făcut un prim inventar: avea doi obraji, avea un nas, o gură, doi ochi. Părea în ordine.

Despre Iurie Moscaliuc nu știa nimeni nimic, nici dacă fusese, nici dacă nu fusese de față, unii ar fi spus că da, l-au văzut scriind ceva într-un caiet mare, cu foi detașabile, alții că nu, că ar fi fost imposibil. Că era, totuși, mort. Mort de-a binelea.

Marmita cu vodcă? Era goală.

Dar cele cinci marmite cu vodcă puse la păstrare la Geangu în birou?

Nu, nu erau. Mai mult, marmitele erau pe hol, pline cu apă. Apă stătută, după cum își dădu seama, după miros, însuși comandantul Geangu.

Iar raportul?

Da, el exista.

Cine îl scrisese, de fapt?

Cînd Geangu a dat peste caietul format mare, cu foi detașabile, pe care ar fi trebuit să se afle raportul din urma anchetei, a răsuflat ușurat. Da, raportul exista, erau cîteva foi scrise îngrijit, cu litere ușor aplecate spre dreapta, școlărește. Avea ce să prezinte lui Șoavă, plus că ar fi trebuit să existe și varianta raportului lui Popoiu, care ar fi fost una favorabilă lui. Dar unde era Popoiu? Chiar așa, el era trimisul de la Centru, care avea un cuvînt greu de spus...?!

Popoiu a fost oprit spre dimineață la poarta penitenciarului și dus în camera de gardă, după ce voise să le facă o demonstrație celor doi gardieni că le poate subtiliza cravatele de la gît fără ca ei să simtă. Degeaba îi explicau cei doi că ei nu aveau cravate la uniformă, el insista să le facă un număr de iluzionism tot pipăindu-le gulerele de la mantale. Abia după ce i-au dat cîțiva ghionți au reușit să-l potolească și să-l culce.

26

La ora 8 a sunat telefonul. A răspuns Geangu. Nu, nu era Șoavă, ci era un anume Hristea Ghidirmic, care anunța, de la București, că în zilele următoare va veni în zonă o delegație a nu-știu-cărui organism internațional care verifica starea și statutul deținuților. Fuseseră niște plîngeri la un anumit nivel și România era acuzată că a călcat pe bec în ceea ce privește drepturile omului...

— ...'zda, mă-sii! mormăia pe mutește comandantul

— ...de asta însuși tovarășul ministru de interne face apel la o atitudine corectă, la responsabilitate...

— ...'zda, mă-sii!

— ...să fie disciplină, să fie ordine, să prevenim evenimentele nedorite...

— ...'zda, mă-sii!

— ...că vă ia mama dracului dacă nu ieșim bine la inspecție!

Și trînti telefonul.

Geangu trînti și el telefonul.

— ...'zda, mă-sii! izbucni, în sfîrșit, cu voce tare.

Unde era Hegheduș? Degeaba l-a căutat Geangu peste tot, Hegheduș era încuiat în magazia cu efecte ofițerești și dormea pe un balot de mantale. Horcăia.

La ora 8 și 30 trimisul de la Centru, Popoiu, a apărut în cadrul ușii lui Geangu. Arăta mai rău decît decedatul Moscaliuc cu care chefuiseră noaptea, de care își mai aminteau însă vag. Popoiu ceru o cafea tare și o vodcă, ca să se dreagă.

I se aduse un ceai negru și un pahar cu apă.

Vodcă nu mai era.

— Dar marmitele cu vodcă?

— Niciun strop, e doar apă clocită.

Popoiu nu părea convins, simți că Geangu ascunde doar pentru el ceea ce e mai bun și care aparținea, de fapt, tuturor. Va ține minte la întocmirea raportului. La ora 9 și 10 a și plecat de altfel, cu o mașină care îl aștepta la poartă. Nici măcar nu i-a strîns mîna lui Geangu.

— ...'zda, mă-sii!

La ora 9 și un sfert comandantul Geangu a contrasemnat un certificat de deces. Nu citi numele celui care se lepădase de lume în acel moment și în acel loc.

— ...'zda, mă-sii!

La ora 9 și 20 un subofițer de la contrainformații i-a adus corespondența. Desfacerea plicurilor și citirea corespondenței era treaba lui Heghedus, așa că împinse plicurile cu dosul palmei spre marginea biroului.

— ...'zda, mă-sii!

La ora 9 și 25 deschise caietul cu paginile „raportului privind situația din penitenciarul Aiud, în urma anchetei privind apariția unor urme suspecte pe zăpadă" și se apucă de citit. Ar fi trebuit, pînă la amiază, să expedieze raportul către colonelul Șoavă.

— ...'zda, mă-sii!

La ora 9 și 27 de minute se auziră în ordine: întîi un geamăt, apoi se auzi un muget, urmat de un urlet de fiară rănită care a reverberat prelung pe toate culoarele închisorii Aiud. Urletul îl trezi chiar și pe Heghedus care se rostogoli de pe balotul de mantale cazone rămînînd nedumerit, în fund, pe ciment.

Deținuții crezură că era o tentativă ratată a alarmei care mai suna uneori înfiorîndu-i. Alarma era declanșată, de obicei, ca să semnaleze vreo tentativă de evadare sau alt eveniment crucial pentru penitenciar. Dar nu era cazul acum. La moartea tovarășului Stalin, de exemplu, alarma zbierase fără întrerupere vreo cinci ore, pînă s-a ars nu știu ce motor.

Ochii lui Geangu se bulbucaseră nepermis de mult, încît bulbii oculari păreau să nu mai încapă la loc în găvane. Așa l-au găsit, cu ochii holbați către caietul pe coperțile căruia scria cu litere mari: „Raport privind situația din penitenciarul Aiud, în urma anchetei privind apariția unor urme suspecte pe zăpadă". Dar comandantul nu numai că se holba, dar mai și citea cu voce tare, sacadat:

An-dan-dez,
dizi-mani-frez,
dizi-mani-pomparez,
an-dan-dez.
Cireșica are mere,
Cireșel vine și cere,
Cireșica nu se-ndură,
Cireșel vine și fură,
cîte mere a furat Ci-re-șel?
Chiti bechiti șucutu nau,
abi fabi demînau,
ex pex puiu pex, nau!...

Autosanitara a sosit la ora 10 fără zece. Comandantul Geangu era deja legat fedeleş. Se mai zbătea încă. Ochii proeminenţi, injectaţi cu sînge, îi rămăseseră în afara pleoapelor.

Opt persoane au ajutat la urcarea lui în maşina cu gratii, între acestea şi Heghedus care se trezise între timp.

27

Raportul lui Popoiu făcut către Comandamentul Securității Statului de la Cluj îl numea, fără dubii, pe Geangu ca vinovat pentru starea de lucruri de la Aiud.

Era depășit de situație, slab pregătit ideologic, probabil că făcea parte și dintr-o conspirație împotriva regimului („de urmărit cercul de cunoscuți și prieteni"), era hoț, vicios („consumator de alcool în cantități mari, chiar în condiții extreme, chiar și în timpul programului"). Mai mult, Geangu nu avea autoritate între angajații civili ai penitenciarului cu care avea relații îndoielnice.

Geangu întreținea, după raportul lui Popoiu, relații apropiate cu deținuții, încurajîndu-i pentru acțiuni de insubordonare, pregătind, probabil, evadări și alte acte reprobabile.

Au fost semnalate nenumărate chefuri în penitenciar la care au participat inclusiv deținuți și cadre militare.

În plus, părea să fie și puțin nebun.

Șoavă luă cu două degete raportul și îl împinse spre marginea biroului, ca și cum i-ar fi fost frică de o contaminare cu virușii care colcăiau acolo.

Bătu cu pumnul în masă și pe ușă își iți capul o ordonanță:

— Fă-mi legătura cu Aiudu'! Urgent!

28

Heghedus a fost cel care a răspuns la telefonul lui Şoavă. Se trezise de-a binelea.

Da, colonelul Geangu a fost luat de ambulanţă şi dus legat la nebuni.

Da, situaţia din unitate e sub control.

Da, toată lumea e în dispozitiv.

Da, un anume Gurii Lovin, deţinut cu un dosar complicat, simpatii legionare plus mai multe tentative de trecere a frontierei spre Vest, este cel care a pus la cale diversiunea cu urmele de pe zăpadă.

De unde ştie?

Da, a mărturisit.

Da, a fost ajutat şi de conjuncturi, de complicitatea unui gardian, Moscaliuc, care între timp a decedat...

Cînd?

Da, ieri...

Da, a profitat de slăbiciunea conducerii...

Da, să trăiţi!

Da, să trăiţi!

Da, să trăiţi!

Da, mulţumim, să trăiţi!

Heghedus se ridicase deja în picioare, luase poziţia de drepţi regulamentară.

Da, mulțumim, să trăiți!
Negreșit, să trăiți!
Da...
Da, să trăiți! Să trăiți!
— ...'zda mă-sii!
Hegheduș tresări. Dar nu mai era Geangu cel care înjurase, ci Șoavă. Lăsă telefonul încet în furcă.

29

Izolarea din Zarcă era o construcție separată, cu vreo șaptezeci de celule, repartizate pe două niveluri, igrasioase, cu ferestrele înfundate cu obloane albastre și scînduri. Patul suspendat în perete era coborît la zece seara și era ridicat la cinci dimineața. Peste zi deținutul nu avea voie să se atingă de pereți, orice tentativă însemna prelungirea pedepsei. Se zice că Zarca ar fi fost construită de Maria Tereza și amantul său, Samuel Brukenthal, ca să-i exileze acolo pe românii nesupuși.

Aici a fost adus Gurii Lovin, la celula 199, etajul doi.

Multă vreme Gurii a stat lipit de marginea tinetei murdare și puturoase, singurul obiect de sprijin din încăpere. Dacă în celulă lumina chioară era aprinsă zi și noapte, la izolare era întuneric beznă. Era de parcă de undeva s-ar fi băgat întuneric suplimentar în celulă, ca deținutul să nu-și vadă nici gîndurile. Dar gîndurile sînt ca rădăcina care străpunge pămîntul, aspirînd spre lumină.

Pedeapsa cea mai mare, intuiseră undeva cei care decideau în numele celor mulți, era să îl lași pe om numai cu propriile lui gînduri. Se sperie de ele, ele îl hăituiesc, ele îl sfîșie. Și ce colți ascuțiți au gîndurile, dacă nu știi să le domolești îți fac ferfeniță carnea inimii, îți deșiră venele!

La început, cînd ești singur-singurel într-un loc, o grotă sau o celulă de temniță, te cuprinde liniștea. Jur, împrejur pe o rază de mii de kilometri se face liniște. E o liniște materială, vîscoasă, care îți intră prin urechi în minte. Interiorul tău devine și el vîscos, se umple pînă la ultima fisură, așa cum se umplu niște vase conectate între ele. După ce totul e plin ochi de acel întuneric lichid, vîscos, gîndurile încep să miște, curioase, să descopere limitele acelui orizont care poate fi și la o palmă de frunte, dar și la un milion de kilometri. Asta ține de imaginație, spun unii, alții spun că totul ține de frică. Dar la un moment dat se confundă. Căci ce e imaginația, dacă nu spaima acută și fuga de realitatea imediată?

Primul gînd, ivit în minte, e ca o iscoadă: Unde? De ce? Cît?

Al doilea gînd confirmă temerile primului.

Al treilea gînd le îngînă pe primele două.

Al patrulea gînd anulează cu un plesnet de aripă sau de coadă sau de palmă, că nici nu știi cu ce ar putea să plesnească un gînd toată armonia.

E ca vîntul de toamnă într-un frunziș scrumit.

Apoi atacurile gîndurilor se întețesc. Se produc în haită, dar și pe flancuri, ca și cum undeva, într-un absolut al lor, s-ar organiza după reguli precise.

Apoi gîndurile se retrag brusc ca panicate de o amenințare numai de ele știută.

Se face o liniște lungă, ca un culoar prin care pătrunde o lumină violet-vișinie. Sau oranj? La capătul culoarului, pe care îl străbați tîrît de o forță căreia nu i te poți opune, se află Sala de judecată.

Gîndurile s-au transformat deja în șapte judecători.

Da, șapte sînt.

Între ei sînt și chipuri cunoscute. Dar care chipuri nu sînt cunoscute între oameni?

Pe cine judecau judecătorii?

Pe Gurii, probabil.

Dar nici nu se uitau la Gurii, ei judecau altceva, *ideea de Gurii*. Că cine era Gurii, de fapt? O gînganie, o jivină, o hahaleră, o broască rîioasă, un vierme care poate fi strivit în orice clipă, o frunză lepădată de copac, o scîrboşenie.

Dar cine era *ideea de Gurii*? O replică a universului, a omului dintotdeauna, a creației lui Dumnezeu, mesagerul unei lumi mai bune, cel care știa că lucrurile erau la fel în cer și pe pămînt. Că el, Gurii, fusese și în cer și pe pămînt în viața asta și în toate viețile lui.

Gurii putea fi strivit cu un pumn, cu o simplă apăsare de picior.

Ideea de Gurii nu putea fi strivită așa de ușor.

De asta se și adunaseră așa de mulți judecători și dintre cei mai buni, mai învățați, care nu puteau fi păcăliți cu una, cu două.

Omul Gurii era întrebat:

— *Deținut Gurii Lovin, nu e așa că ți-ai propus să dărîmi construcția aceasta pe care noi o facem prin efort comun, spre binele celor mulți și becisnici, care se uită cu speranță dimineața spre orizontul unui coltuc de pîine?*

Ideea de Gurii era întrebată:

— *Cum erau diminețile tale în patul cel larg de la hotelul Bloomberg, acolo unde te trezeai cu Carmencita în brațe, cu un chef de viață infinit?*

Omul Gurii era întrebat:

— *Deținut Gurii, de ce nu te astîmperi și subminezi ordinea de stat a acestui popor care te-a primit cu brațele deschise, te-a hrănit, te-a ajutat să devii în viață – ce?– dar pe care l-ai subminat cu atitudinea ta?!*

Ideea de Gurii era întrebată:

— *Ce ai visat tu mai mult și mai mult pe lumea asta? Cît de aproape ai fost de visul tău? Unde te-ai întîlnit cu el? Ai recunoscut visul, atunci cînd te-ai întîlnit cu el? Te-a recunoscut? Ați fost fericiți?*

Omul Gurii era apostrofat:

— *Faptul că ați tulburat ordinea și disciplina într-o instituție a statului, că ați produs panică în rîndul angajaților, lucru făcut cu discernămînt doar pentru a slăbi autoritatea personalului nostru care se sacrifică pentru binele comun este mai grav ca un atentat cu bombă...*

Ideea de Gurii era întrebată:

— *Dar cum tu, Gurii, care nu erai în stare să omori un păianjen măcar, care nu furai nici măcar prune din copacul vecinului, de teamă să nu dai explicații pentru un fapt reprobabil, ai ajuns atît de jos, atît de departe, între scursurile societății? Cum de ți se spune bandit toată ziua, cînd te-ai născut să ți se spună dragul meu, iubitule, tată, dragule...?*

Omul Gurii era apostrofat:

— *Actele bandităști stîrnesc mînia poporului, încalcă democrația noastră...*

Ideea de Gurii era întrebată:

— *Ai cearcăne la ochi, tu care aveai o sănătate de fier. De ce nu ai grijă de tine? Tu te-ai născut pentru iubire, tu de ce ai lunecat de pe drumul tău? Iubești o femeie? De ce nu ești cu brațul sub capul ei, pletele să-i cadă rebele peste mîna ta care îi deșiră firele de păr unul cîte unul...*

Omul Gurii se ridică în picioare înspăimîntat:

— *Banditule, poporul te condamnă...*

Ideea de Gurii rămase calmă la locul ei:

— *Ți-e foame, știu că ți-e foame, știu că nu poți să te ridici nici cu un centimetru de la pardoseala aceasta ca de grajd...*

Omul Gurii era apostrofat:

— *Te prefaci leșinat? Banditule. Udați-l cu apă, crăpați-i căpățîna aceea plină de dușmănie, de planuri de subminare a noilor realități...*

Ideea de Gurii îl văzu pe Dumnezeu și Dumnezeu îi spuse blînd:

— *Hai! Nu te teme! Hai! Te sprijin eu. Ține-te de umărul meu, uite, prinde cu mîna șuvița asta de barbă albă. Nu-ți face probleme, ține. De mii de ani ridic cu ea muritori și păcătoși...*

Apoi unul dintre cei șapte judecători îi spuse:

— Gurii, Dumnezeu a decis că tu trebuie să plătești pentru tot răul din lumea aceasta?

— Și cum pot plăti eu, o biată ființă nevolnică, pentru tot răul din lume?

— Transformi fiecare picătură de sînge care îți curge prin vene în monede de aur și argint. Cînd ultima picătură s-a transformat în clinchet, gata, ai plătit destul, ești mîntuit.

— Aha!

Apoi Gurii se uită mai atent la cei șapte judecători citind pe fețele lor o imensă oboseală, precum e oboseala meteoriților care pornesc să străbată spațiul nesfîrșit. De oboseala aceasta nu scapă niciodată nici meteoriții, mai mult, ea conservă energia pentru un drum cît mai lung. Chiar și oamenii se hrănesc din propria oboseală, o fac cu voluptate, trăiesc ca să obosească doar ca să poată merge mai departe.

Cei mai aproape de vederea lui Gurii erau doi judecători: unul avea un ochi șpanchiu, altul avea desenat un cap de pisică albă pe mîneca neagră a hainei.

Judecătorul cu un ochi șpanchiu i s-a adresat judecătorului care avea desenat un cap de pisică pe mîneca stîngă – *sau poate că era doar o pată?*:

— Cum se face o anchetă? Să te învăţ eu? La o anchetă trebuie să obţii rezultatul pe care îl doreşti, altfel degeaba o mai faci. Şi asta ne învaţă cei care ştiu mai bine decît noi cum se face. Tovarăşul Stalin după ce a primit o delegaţie de muncitori din Urali, nu-şi mai găsea ţigările. Îl sună pe comandantul NKVD, pe Lavrenti Beria, şi-i cere să ia măsuri. După o oră, căutînd un dosar, tovarăşul Stalin le găseşte într-un sertar şi-l sună pe Beria şi-i spune că nu mai e nevoie de vreo măsură, pentru că şi-a găsit ţigările. Beria răspunde: Păcat, mare păcat! Mărturisiseră cu toţii!

— Ha, ha, ha....!

Iar celălalt, care avea desenată o pisică albă pe mîneca neagră a hainei – sau poate era doar o pată? – spuse:

— Pe intelectuali să nu-i chestionezi prea mult, ăştia sînt în stare să modifice realitatea, să te îmbîrlige. Pe ăştia condamnă-i rapid, judecă-i sumar.

— Ha, ha, ha...!

30

Gurii făcu drumul invers prin tunelul oranj, ajungînd din nou în celula sa, regăsindu-se sprijinit de marginea tinetei. În jur întunericul clipocea. Judecătorii se topiseră și ei în acizii întunericului. În urechi auzea clinchetul monedelor în care i se transformau, încet, picăturile de sînge. Începuse, deci, să plătească pentru tot răul din lume.

Prin geamul căptușit cu scînduri groase se iți o dîră abia presimțită de lumină. Iar pe firul acela aproape insesizabil de lumină apăru, da, da, un țînțar.

Ei, na, asta mai trebuia, un țînțar în acel fund de lume! Gurii îi auzi zbîrnîitul la ureche, ca un salut vesel.

— Salut, măi Bîzîilă!, îi spuse.

Dar țînțarul nici nu se sinchisi de salutul lui Gurii, părea un inspector de la Centru venit să-și piardă vremea prin vreo gubernie fără nume. De ce îi venise această idee, cu inspectorul și gubernia? Nu avea habar Gurii. Probabil că citise cîndva, ceva în acest sens și acum plesneau sinapsele care recunoșteau situația.

Ca și cînd l-ar fi descoperit, în sfîrșit, pe Gurii, țînțarul începu să cînte pe o voce joasă, aspră, fornăitoare, ca de țîrcovnic răcit:

Ceaiul de spînz se dă la mînz,
La mînză se dă un boț de brînză
Găina are verde rînză, iup, iup...!

Apoi făcu două volte pînă în înaltul camerei, după care se apropie din nou de urechea lui Gurii:

Godacul are părul creț,
Fecioara are chip isteț
Și huștiuliuc pe făcăleț, iup, iup...!

Gurii îi făcu cu degetul, a dojană, dar țînțarul nu se potoli. După ce se aruncă spre zid, ca și cum ar fi vrut să se zdrobească de acesta, făcu un scurt ocol și se întoarse la cealaltă ureche a lui Gurii. De data asta vocea îi era ascuțită, ascuțită, ca și cum ar fi vrut să despice sunetul în două:

Pisisica pisisicește,
Pissstolul se pissstolește,
Musssca la miere mussstăcește, iup, iup...!

Gurii începu să rîdă în hohote:

— Măi, dar de unde le mai scoți? Tu te auzi pe tine? Îți dai seama ce bazaconii spui? Era un tip la noi, cam nebun, care cînta ceva cam ca tine toată ziua pe ulițele satului. Zicea cam așa:

Racul a plecat la vale
Tipa tipa ta
Și-a-ntîlnit o broască-n cale
Tipa tipa ta
Hai mă broască după mine
Tipa tipa ta
Că te-oi ține tare bine
Tipa tipa ta
Cu pîine și cu măsline
Tipa tipa ta
Și răbdări prăjite bine
Tipa tipa ta

Cu găluște și ardei
Tipa tipa ta
Și cu foame cîtă vrei
Tipa tipa ta...

Cît spuse Gurii cîntecelul lui, țînțarul se odihni pe perete. Dar cînd auzi ultima silabă, se aruncă din nou în gol lipindu-se de urechea lui Gurii, de unde continuă să-i spună, de data asta cu un glas nou, de militar proaspăt scopit:

La dreapta e-un perete,
La stînga e-un perete,
Sus e perete iară
Pe unde ieși afară...? Iup, iup...!

— Hai, lasă, îi spuse Gurii, știu că e perete în stînga, știu că e perete în dreapta, văd că e perete sus, că la distanța asta bat și eu cu ochii, dar tu nu știi un lucru, că oamenii pot ieși din orice situație prin pămînt. Oamenii intră în pămînt și de acolo ies sub orice formă vor, ies ca petala sau ies ca frunza. Dar ies... Dar ce să-ți spun eu ție asemenea lucruri? Că văd că nici nu-ți pasă, tu o ții una și bună, că iup în sus, că iup în jos...!

Obosit probabil, țînțarul se ascunse într-un colț ca să-și refacă forțele.

Gurii scoase din buzunarul scorțos o cîrpă în care avea înfășurată o coajă de pîine. Cît o unghie. Ar fi vrut să bage sub limbă bucata de pîine, dar ezită. Apoi flutură bucata de cîrpă și aceasta se făcu o hulubiță albă, cu un cioc negru și cu ghearele movulii. E un exemplar pe cinste, își spuse Gurii. Și hulubița se smuci speriată și se izbi în zid și căzu leșinată la picioarele lui.

— Huo, dar de ce te sperii?

Luă hulubița în palmă și deși părea mare, mare, între penele înfoiate era un trup mic, becisnic, care tremura ca frunza. O duse lîngă obraz și se încălzi cu trupușorul ei. Îl și ciocni pe pleoapă, dar nu-l duru prea tare.

— *Gratiile te ascund, oare, de răul lumii cel mare? Sau gratiile te afund, în hăul cel mai profund?*, o auzi.

Habar nu aveam că hulubițele vorbesc, își spuse Gurii.

— *Nu toate hulubițele vorbesc, ci numai acelea care sînt închise. Cînd sînt libere păsările nu ar avea de ce să vorbească, vorba este un mod de a ascunde lipsa de libertate. Oamenii, dacă observi, cu cît vorbesc mai mult, cu atîta își plîng neputințele, își dau de gol limitele. Își inventează limite, gratii. Cei mai mulți oameni sînt închiși pentru vorbe și nu pentru fapte...*

Interesant, interesant... Dar cred că e prea filosofic pentru o hulubiță. Mai bine ar spune ceva despre lumea ei, nu despre cea a oamenilor, că nu o cunoaște, orice-ar zice.

— *Ascultă un cîntecel din lumea mea.*

Ca să nu piardă nicio frîntură din cîntecel, Gurii lipi trupușorul hulubiței de ureche. Se mai liniștise, nu mai tremura, acum se încorda doar ca să poată spune ceea ce avea de spus:

> — *Of, of, of, floare de plop,*
> *Curge mierea strop cu strop,*
> *Nu e dulce, nu-i amară,*
> *O pui pe limbă, te-nfioară...*

Mda, își spuse Gurii. Dar unde a văzut ea miere din floare de plop? Cred că nici nu există...?!

— *Da, dar unde ai mai văzut și auzit tu hulubiță care să vorbească precum oamenii?*

Da, aici m-a înfundat. Nu am crezut pînă azi, deși am avut o bănuială. Că eu, se știe, nu am răpit șansa lucrurilor imposibile de a deveni posibile. Eu am crezut, de exemplu, că pietrele de pe malul apei visează că ajung la capăt, acolo unde se varsă rîul în mare sau în ocean.

— Înțelegi ce zic?

— *Nu, nu te pot urmări. De ce ar vrea o piatră să ajungă în mare? Eu nici nu pot suferi pietrele, de altfel, cineva a tras cu praștia cu o piatră după mine. M-am refugiat într-un pod, în pod era o pisică, am fugit de ea pe o căpiță de fîn, acolo era un căruțaș beat care a vrut să mă prindă cu biciul... Am fugit mai departe într-o curte, acolo era un porc care a crezut că sînt un știulete de porumb și a vrut să mă înfulece așa că am plecat într-un corcoduș, dar acolo era o barză care mi-a tras cu ciocul peste cap, am fugit mai departe și am ieșit la cîmp deschis, dar acolo m-a văzut un uliu și a venit razant ca să mă înhațe, dar eu m-am ascuns într-o porumbiște, dar acolo era un arici care m-a atacat cu țepii lui mortali, am fugit pe o casă și acolo tocmai unseseră șindrila cu păcură și mi s-au lipit picioarele, am zburat cu greu pînă la o apă să îmi spăl ghearele dar acolo m-a atacat un broscoi urît care a vrut să mă încalece...*

Ei, asta e prea de tot, cum să o încalece un broscoi?

— *Așa cum se încalecă... Ce, tu nu ai văzut cum se încalecă un cal? Așa se încalecă și o porumbiță de către un broscoi.*

Da, am văzut cum se încalecă un cal, dar nu am văzut niciodată cum încalecă o broască un porumbel.

— *Nici eu nu am văzut, ce e drept, dar asta nu înseamnă că nu e posibil. Chiar tu spuneai că lași lucrurilor imposibile șansa de a fi posibile. Că de altfel, de ce m-ar fi atacat atunci cînd m-am dus să îmi spăl ghearele?!*

Poate că a vrut să vorbească cu ea. Sau să se joace...! Broaștele, oricît de bătrîne ar fi, au ceva de copil în comportament. Probabil că de la țopăit se trage această impresie...

— Uite, am aici, în palmă, o bucată de pîine. Pentru mine oricum e prea puțină, pentru tine poate fi de ajuns.

Gurii desfăcu palma și îi întinse pîinea încălzită și transpirată. Dar hulubița mișcă din aripi și bucata se rostogoli pe ciment. Gurii întinse palma pe deasupra ciotului de pîine și acesta în rostogolire se transformă într-un șobolan mare, negru-cenușiu, cu niște mustăți albe și lungi și cu niște ochi roșii care se roteau fără oprire între pleoapele vinetii.

— *Ah, ai făcut o pasă greșită și ai transformat bucata de pîine în șobolan.... Mie îmi e silă de șobolani, sînt urîți și vulgari. Nu-i sufăr. Plus că ei atacă hulubițele. Te rog să faci o pasă potrivită și să mă transformi din nou în batistă. Te rog. Te rog. Te rog.*

Deși nu ar fi vrut, pentru că îi făcea bine compania hulubiței, Gurii trebui să facă ceea ce îi ceruse. Trecu mîna pe deasupra hulubiței, cu degetele desfăcute, ca și cum ar fi răsfirat aerul și hulubița se preschimbă din nou în batista cenușie a lui Gurii. O împături, o duse lîngă obraz, de parcă ar fi vrut să mai simtă o dată pulsul trupului păsării, după care o împături și o ascunse în buzunar.

— Adio, îi spuse cu voce tare.

— *Dar de ce îi spui adio? Doar tu poți să faci oricînd o hulubiță din batistă?*

Da, pot, dar nu iese de două ori aceeași hulubiță. Iese mereu alta. De asta, abia apuci să te obișnuiești cu ea, că gata, nu mai e aceeași.

— *Dar de ce nu o păstrezi pentru totdeauna, de ce trebuie să o transformi din nou în batistă? În felul acesta nu riști să o schimbi de fiecare dată...*

Da, m-am gîndit la asta, dar intervine ceva neprevăzut... De cum o aduc pe lume, cu o simplă pasă, hulubița începe să îmbătrînească. Și ele îmbătrînesc uluitor de repede. Că dacă o las cîteva zile, de exemplu, e în stare să și moară din vina mea. Și mai e ceva: dacă unui iluzionist îi moare o hulubiță, nu mai poate face niciodată trucul acela. Aproape că nu-i mai iese niciun truc, pasele îi devin sterile, iluzioniștii mor apoi de tristețe din acest motiv. Acesta e riscul real al meseriei noastre.

— *Aha, înseamnă că și eu trebuie să mă transform din nou în bucata de pîine din care m-ai făcut, din greșeală?*

Bineînțeles!

— *Și cînd se va întîmpla asta?*

Cînd vom stabili, de comun acord. Sau cînd publicul o cere, dacă e vorba de o sală de circ. Oricum, nimeni nu stă prea mult, din plăcere cu un șobolan în preajmă. Îmi pare rău, dar acesta e adevărul.

— *Și dacă vrei să mă mai faci încă o dată, cu altă pasă, nu mai apar pe lume tot eu?*

Nu. Va apărea alt șobolan. Care îi va semăna. Dar nu va mai fi același.

— *Chiar dacă e din aceeași bucată de pîine?*

Chiar dacă... Dar ce-i pasă?

— *Știi, pe lume te legi de lucruri, te legi de anumite ființe și apoi brusc să dispari, cred că aici e dificultatea. Că nu dispariția în sine e problema, ci modalitatea. Că ce poate fi dramatic în a fi preschimbat printr-o simplă pasă? Cred că nici nu e dureros...?!*

Așa cred și eu, că nu e dureros. Nicio ființă dintre acelea pe care le-am adus pe lume cu pase la circ, făcînd iluzionism, nu a dat vreun semn că ar fi vorba de vreo durere.

— *Dar șobolani ai mai adus pe lume pînă acum?*

Șobolani? Cred că nu... Am adus iepuri, hulubițe, fluturi, mierle... Și o broască și o șopîrlă... Dar șobolani nu, nu am adus încă pe lume.

— *Dar nu poate să fie altfel decît la celelalte vietăți, nu-i așa?*

Sigur că nu poate să fie altfel.

— *Aha!*

— Cum te cheamă? îl întrebă cu voce tare pe șobolan, doar ca să-i schimbe gîndurile și să nu mai fie așa dezamăgit că șobolanii nu prea au căutare pe lumea asta.

— *Vasili, îi răspunse prompt șobolanul.*

Aha, a fost rîndul lui Gurii să rămînă fără replică. Cine i-o fi dat numele acesta?

— *Nu știu cine, dar în bîrlogul unde eram noi, de acolo de unde m-ai răpit tu, cu pasa ta, toți ne numeam Vasili. Cred că e vreo legătură cu locul, nu-mi dau seama. Nu mi-am bătut capul cu așa ceva. La voi nu e la fel?*

Nu... Oamenii țin foarte mult la nume. Numele e sfînt, de asta sînt foarte multe nume, fiecare și-l poartă într-un anume fel, are grijă de el, și-l sporește în autoritate. Oamenii sînt în stare să facă și crime dacă te agăți de numele lor. Uite, aici în închisoare primul lucru pe care ni l-au luat a fost numele. Și ne-au dat în loc niște cifre. Eu am numărul 3769. Ceea ce nu știu ei e că și cifrele au semnificația lor, poate chiar mai profundă uneori. Uite, acest 69 din coada cifrei este expresia infintului, de exemplu. Dar te obișnuiești și cu cifrele, e ca o codificare a numelui. Eu am adunat și am scăzut și am împărțit și am înmulțit aceste cifre între ele, pînă am epuizat toate semnificațiile. Nu am timp acum, dar îți pot vorbi o lună despre asta... Și n-aș epuiza subiectul, evident.

Între timp Vasili începu să inspecteze celula. Se arunca de pe muchia patului ridicat, pe marginea tinetei pătate de rugină, se balansa pe labele din față după care se arunca în hău, adică pînă pe cimentul de pe jos. La un moment dat s-a oprit la o încheietură a zidului, la un colț, unde se împreuna metalul gratiilor cu betonul zidului.

Caută ceva anume? A descoperit ceva?

— *Dar aici nu e nimic de mîncare?*

Mîncarea se dă odată la trei zile. Trebuie să mai aștepte două zile. Și ce mîncare, un terci de nimic...! Apă ni se dă o cană pe zi și este amestecată cu o lingură de sare, ca să ni se întoarcă mațele pe dos și să ne uscăm apoi de sete...

— *Aha!*

Vasili inspectă din nou colțurile și muchiile zidurilor, se întoarse din nou la încheietura zidului unde mai fusese, în același colț. Și, ca și cum ar fi fost în arena circului, dispăru într-o clipă. Gurii se repezi după el, se cocoșă pînă la acel colț și într-adevăr pe acolo se zărea o geană firavă de lumină. Cît un vîrf de ac. Dar fusese îndeajuns pentru Vasili.

Gurii rămase cu gura căscată. Nu i se mai întîmplase pînă acum ca să-i dispară vreuna dintre ființele pe care le inventase cu trucurile și pasele lui. De asta nici nu prea știa bine care ar putea să fie consecințele asupra talentului său în domeniu. Mai mult, odată dispărut, Gurii nu mai avea nicio putere asupra lui Vasili. Dar habar nu avea Vasili la ce se expunea, primul deținut flămînd care ar fi pus mîna pe el l-ar fi mîncat fără nicio jenă. Și fără obișnuita greață.

Gurii se concentră, uzînd de alt truc, să-l aducă înapoi pe Vasili. I se umflară venele de pe frunte de efort. Dar nimic. I se păru, la un moment dat, că îi aude foșnetul dincolo de zid, dar nu putea garanta că e așa. Putea fi unul dintre gardienii care păzeau strașnic zona și care monitorizau orice mișcare nesemnalîndu-și prezența.

De la concentrare i se înfierbîntară tîmplele și urechile. Și parcă i se umflaseră. Se uită după țînțar, îl strigă și abia acum înțelese agitația lui Vasili: îl hăpăise cînd făcuse inspecția.

În minte, însă, îi reveni cîntecelul țînțarului:

La dreapta e-un perete,
La stînga e-un perete,
Sus e perete iară
Pe unde ieși afară...? Iup, iup...!

Iaca tu ai ieșit din închisoare în burta șobolanului. Vezi că există o ieșire de fiecare dată? Și uite, nu m-am gîndit niciodată că eu aș putea să mă transform în ceva mic, mic și să ies printr-o fisură, printr-o găurică pe undeva...! Nu m-am gîndit și pace. Și acum nu mai pot face nimic, că Vasili plecînd mi-a luat toată puterea. Sînt de nimic, nu alta.

Folosirea puterilor sale paranormale îl epuizase. Ar fi vrut să se așeze pe cimentul ud, slinos, dar se abținu. Știa că este urmărit, că dacă ar fi fost găsit așezat de către gardian, i s-ar fi dublat imediat timpul de ședere la izolare.

Chiar auzi mișcarea de pe hol, gardianul tuși sec, tabagic. Apoi acesta deschise vizeta și lumina lanternei mătură încăperea ca reflectorul de pe o scenă de spectacol.

— Bă, bandit, să stai drepți, că te ia mama lu' proces-verbal...! Ai auzit?

Gurii mormăi ceva, că auzise.

— Bă, bandit, te-ai cam îngrășat de cînd stai aici, la opritoare...! Așa-i că te-ai îngrășat?

Gurii nu-i răspunse, lumina lanternei care îi căuta ochii îl deranja, îi scormonea în privire. Închise ochii. Ar fi preferat compania șobolanului, decît conversația cu gardianul.

— Bandit, dar ai avut musafiri în celulă? Bă și șobolanii fug de voi, că sînteți ciumați, nu alta.

Aha, deci șobolanul fusese văzut. Poate că scăpase.

— Da, bă, șobolanul e mai înțelept ca voi și mai cooperant, îi răspunse gardianul, de parcă i-ar fi citit gîndurile.

— Bandit, ți-e foame? îl întrebă cinic gardianul.

Da, mi-e foame, ar fi vrut să răspundă, dar gura nu-l asculta.

— Uite, bă, aici, ți-am lăsat cevașilea...

Dar Gurii încă ținea ochii închiși. Cînd îi deschise, cu precauție, văzu că ușa celulei era întredeschisă? Cine o deschisese? Că nu auzise zgomotul de fiare care însoțește, de obicei, această operație. Cîteva clipe, lungi, închise ochii. Apoi îi deschise din nou: era adevărat, ușa era deschisă. Se mișcă după dîra de lumină cu pași șovăielnici. Pe culoarul îngust și slab luminat nu era nimeni. Dar unde era gardianul? Spre capătul culoarului, care se orienta undeva spre stînga, Gurii văzu o umbră care se strecură înaintea lui.

E Vasili! spuse bucuros Gurii, de parcă ar fi văzut o cunoștință veche, pe care se și aștepta să o reîntîlnească în aceste condiții. Și porni cu pași șovăielnici în aceeași direcție.

Ah, îl va întreba ce a făcut cu țînțarul, că sigur îl înfulecase....!

Acolo unde culoarul făcea un cot, spre stînga, era o măsuță din metal, alături cu un scaun șubrezit de prea multă folosință. Pe masă era o bucată de cîrnat și un coltuc de pîine. Gurii atinse cu degetul pîinea și aceasta nu dispăru, ca în trucurile sale. Nici cîrnatul nu dispăru. Le înfulecă fără să clipească. Să se mai întrebe ale cui erau, cine le pusese acolo? Nu mai avea sens, oricum ceea ce i se întîmpla nu mai avea nicio logică. Continuă să avanseze pe culoarul pustiu. Oare asta era libertatea? Uitase cum arată, uitase și să o mai viseze. Da, libertatea era coșul cu mîncare pe care îl găsi la următorul cot al culoarului. Da, chiar așa, pe o masă aproape identică cu cea de pe care luase pîinea și cîrnatul, acum era un coș cu o bucată de brînză, o pîine mare, albă și o bucată de salam care plesnea de grăsime. Gurii nu se putu abține și înghiți totul din coș. Atît mai puse deoparte, în buzunar, un colț de pîine și o firimitură de brînză, să-i dea lui Vasili, în caz că s-ar mai întîlni pe culoarele astea.

A zis bogdaproste, ar fi vrut să facă și o cruce, de mulțumire, dar mîinile nu îl mai ascultau, se înțepeniseră pe lîngă trup, îl dureau de la mișcările lacome cu care dusese mîncarea la gură.

Deși mîncase, era slăbit, de asta s-a sprijinit cu umărul de zid. Sătul, ar fi rămas în poziția aceasta o veșnicie.

Apoi prin față îi trecu Carmencita, părul ei lung părea un plîns care mătura culoarele în fața sa. De asta Gurii porni într-acolo. Nu se mai întreba cum de e posibil să umble noaptea prin inima închisorii fără să-l oprească nimeni, nu-i mai păsa. Trupul și voința păreau să-i fie anesteziate.

La un moment dat culoarul se termină, la capăt ușa grea de metal era deschisă. Vraiște. Aerul rece i se păru ca o apă în care plonjă. Începu să înoate, cu spor.

Deodată auzi din stînga: Stai!

Apoi auzi din dreapta: Stai!

Apoi auzi din spate: Stai!

Și de sus auzi: Stai!

Erau strigăte care se întretăiau, care se respingeau unul pe altul, se anulau în aer. Pe care să-l asculte?

Aerul părea să-i intre prin gură și să-i iasă prin urechi, așa de limpede era.

Apoi își chemă familia din ungherele minții și ale inimii ca să le spună că el presimte că vor urma lucruri nu tocmai plăcute. De aceea era bine să fie pregătiți. Carmencita îl simți și ea pe Gurii și începu să plîngă.

Ei vor trăi, chiar dacă el va scurta drumul spre o lume mai bună, luînd-o de-a dreptul prin gard. Că spre gard îl împingeau acum, să se ducă, ca să poată să-l împuște, că uite, a vrut să forțeze gardul, ca să fugă, să atace cu ura lui acumulată în interior o lume pașnică, vulnerabilă, care trăiește dincolo de gard. Strigau ca și cum ar fi ținut calea unui mistreț, pe care îl împingeau la strîmtură, ca să-l nimerească la sigur, să nu-l rateze, altfel își riscau propria lor viață.

Grigoruță îl strigă: Tată!

Maria îl strigă: Tată!

Carmencita nu zise nimic, ea plîngea și umerii i se scuturau ca niște aripi de fluture bătute de vînt.

Gurii se desprinse de sine și pluti. Nu-i părea rău. În față era un tunel. La capătul acelui tunel era tot el, dar mult mai slab, mai becisnic, îmbrăcat în zdrențe. Se repezi să-l îmbrățișeze pe acel care era tot el, însă acela se feri, se uită cu oarece reproș la celălalt, dădu din umeri și o luă într-o parte. Părea să fi pornit pe un drum lung. Nu avea de ales. Oftă și porni și el, la început cu pas șovăielnic, apoi îndesi pașii, ca să-l poată urma pe cel căruia zdrențele îi fluturau ca niște steaguri.

31

Raport privind situația de la Penitenciarul Aiud, în urma evenimentelor din 18 noiembrie – 11 decembrie 1960

„În Penitenciarul Aiud, în perioada 18 noiembrie – 11 decembrie anul 1960, s-au înregistrat mai multe fapte care au avut darul de a destabiliza situația și de a crea o stare de confuzie și de neîncredere în rîndul personalului și a deținuților. În nopțile de 18, 19 și 22 noiembrie au apărut niște urme suspecte pe zăpada din curtea penitenciarului. Datorită lipsei de implicare a comandantului Ilie Geangu care a dat dovadă de lipsă de fermitate, de slăbiciune și chiar de tăinuire a unor relații cu deținuții, situația a creat suspiciuni la nivelul întregului personal, a conducerii superioare de la nivelul Securității Statului.

În urma investigațiilor noastre numitul Geangu Ilie, comandant al penitenciarului în perioada 17 septembrie 1957 – 11 decembrie 1960, a dovedit serioase carențe în acțiunea de reeducare a deținuților din penitenciare și colonii de muncă încălcînd măsurile revoluționare ale Partidului Muncitoresc Român și ale guvernului Republicii Populare Române. Numitul Geangu Ilie a tăinuit acțiuni dușmănoase și nu a pus în practică măsurile de pedepsire împotriva elementelor descompuse, nu a desfășurat o activitate de reeducare prin muncă productivă și mijloace culturale.

Numitul Geangu Ilie este bănuit de acțiuni de trădare, sînt în curs acțiuni de depistare a unor rețele dușmănoase care au antrenat personal militar și funcționăresc din cadrul Penitenciarului; prin activitatea sa ostilă și prin slaba implicare a întîrziat acțiuni prin care trebuiau cunoscuți și demascați funcționarii care făceau servicii legionarilor, trebuia cunoscută atmosfera și activitatea din rîndul legionarilor și apoi, pe baza cunoașterii realității, trebuia începută munca, trebuia desfășurată activitatea informativă cultural-educativă și productivă.

Metodele folosite trebuiau să corespundă specificului deținuților C.R. (contrarevoluționari) care aveau unitate, ierarhie, disciplină, fanatism, misticism, mituri pentru șefi, îndelungată activitate teroristă-criminală și multă experiență cîștigată în detenție. Între ei aveau oameni care au făcut spionaj, care au fost în funcțiuni polițienești, deci pricepuți în materie informativă, unii dintre ei capabili, cu discernămînt și putere combinativă. Deoarece și-a dat seama că activitatea sa dușmănosă va fi descoperită, numitul Geangu Ilie a simulat – după părerea noastră – o boală psihică, care să-l scoată de sub incidența urmăririi și a răspunderii pentru înaltă trădare."

Semnătură,
Mihai Gorea Heghedus

32

Din *Raport către Serviciul de Securitate*, Alba Iulia, strada Maior Zgonea, nr 15, 11 decembrie 1960

„În noaptea de 10 spre 11 decembrie 1960, în jurul orei 2 și treizeci de minute, deținutul Lovin Gurii, născut la ..... în anul ...... luna .... ziua, profitînd de neatenția gardianului de schimb Irofte Vasile a încercat să evadeze prin escaladarea gardului de protecție. Trupele de securitate aflate în misiune de pază au reușit să dejoace planul deținutului, fiind nevoite să execute foc pentru împiedicarea evadării acestuia. Au fost trase unsprezece cartușe, în plan orizontal, două dintre acestea lovindu-l mortal pe deținut. Medicul Gușe Dumitru a constatat decesul acestuia prin procesul-verbal nr. 2512 din 11 decembrie 1960, orele 7, 30. Deoarece deținutul Lovin Gurii nu are familie și rude cunoscute în Republica Populară Română, nu au fost efectuate proceduri de anunțare a familiei. Gardianul Irofte Vasile, care se face vinovat de neglijență și poate că și de complicitate la evadare a fost reținut și deferit organelor de anchetă. Din primele rezultate ale anchetei reiese că Irofte Vasile născut la Coșereni, județul Neamț în data de ...... ziua..... luna ..... provine dintr-o familie în care au mai existat elemente dușmănoase care au făcut obiectul mai multor anchete, fără să fie operate arestări însă (chiaburi cu atitudine dușmănoasă, ostilitate arătată acțiunilor de întovărășire). Serviciul de Securitate al județului Neamț va supraveghea îndeaproape comportamentul rudelor gardianului Irofte Vasile. În urma acestor evenimente situația este sub control, nu au existat alte consecințe ale faptelor."

Semnătură,
Ion Nelu Finkler

33

Sosirea colonelului Șoavă cu mandat de a restaura ordinea și disciplina la Aiud nu a surprins pe nimeni. Dimpotrivă, toată lumea se aștepta. Acesta a sosit pe data de 13 decembrie, la ora 7 și un sfert. Hegheduș îl aștepta cu toate dosarele pregătite: de efectiv, administrativ, cu o mulțime de alte documente pentru semnat sau contrasemnat.

După ce a adunat tot personalul în sala de ședințe, civili și militari, colonelul Șoavă și-a început discursul:

— De azi între zidurile închisorii niciun civil, niciun militar, niciun deținut nu mai pronunță cuvîntul libertate. De azi la Aiud, în lumina ultimelor evenimente, fiecare om, deținut sau gardian, militar sau civil, este pasibil de a fi judecat pentru trădare și uneltire împotriva ordinii și siguranței statului în cazul în care mai apar evenimente care să contravină ordinelor și regulamentului, legilor țării...! Să vă intre bine-n cap...! Deee-fii-nii-tiv!

La ora 11 și 30 a sosit în penitenciar tovarășul Popoiu, trimis de la Centru să întărească activitatea ideologică.

În aceeași zi au fost mutați disciplinar la alte penitenciare, la Sighetu Marmației, Pitești și Cluj, cu ordinul de a fi supravegheați în continuare, douăzeci și șapte de gardieni, între care Mustea, Barabancea, Bivolaru, Crețu și Maier.

Maier a ieșit la raport și a cerut explicații, avea familie, avea probleme, o mamă bătrînă, nu putea părăsi localitatea.

Cine întreabă, conspiră, i-a răspuns colonelul Șoavă. *În frooont, maaarș...!*

Spre seară au sosit gardieni noi, de la Pitești, de la Rahova și de la Poarta Albă. Din două camioane cu coviltir negru-kaki au coborît șaizeci și trei de gardieni. Erau sprinteni și dornici de treabă.

34

Aiud, 17 decembrie 1960. Dimineața, la ora cinci fără cinci, pe cînd se pregătea schimbarea gărzilor, un gardian, Moise Condescu, unul dintre cei nou veniți în penitenciar, a observat pe zăpada proaspătă, căzută peste noapte, urme de bocanci care veneau dinspre gardul de sîrmă ghimpată și care duceau spre pavilioanele deținuților. Urme pe zăpadă se mai găseau, evident, dar ciudățenia mare era că aceste urme veneau dinspre gard fără să existe și varianta deplasării persoanei dinspre pavilioane spre gard. A analizat, a privit jur-împrejur, s-a scărpinat în cap încurcat, dar nu a găsit vreo explicație. Urmele arătau de parcă cineva ar fi trecut peste gard din afară spre înăuntru și apoi ar fi intrat în pavilionul înțesat cu deținuți. Urmele erau clare și erau pe o porțiune aproape neatinsă de alte urme. S-a prezentat la șeful de tură, locotenentul Bârsan. Acesta a analizat situația și la ora șapte și cinci, cînd a intrat în unitate colonelul Șoavă, s-a grăbit să-l întîmpine și să raporteze. Colonelul și-a dus un deget îndoit la gură, a mușcat adînc ca și cum ar fi vrut să aibă un contact dur cu realitatea, după care a spus rar și apăsat:

— Ei, pînă aici le-a fost! Și Dumnezeu dacă e, trebuie să dea socoteală...!

Au apărut:

Adrian Alui Gheorghe, *Urma*
Stelian Țurlea, *Caz închis*
Cristian Ardelean, *Agenția*
Liliana Corobca, *Kinderland*
Lavinia Bălulescu, *La mine-n cap*
Doru Pop, *O telenovelă socialistă*
Nicolae Stan, *Ceață pe Tamisa*
Viorica Răduță, *În două lumi*
Florina Ilis, *Viețile paralele*
Dan Stanca, *Craii și morții*
Cătălin Mihuleac, *Aventurile unui gentleman bolșevic*
Radu Aldulescu, *Cronicile genocidului*
Octavian Soviany, *Arhivele de la Monte Negro*
Andrei Pogorilowski, *Cartușe*
Dan Coman, *Parohia*
Mioara Apolzan, *O vară cu Maia*
Ciprian Măceșaru, *Superhero*
Claudiu M. Florian, *Vîrstele jocului. Strada Cetății*
Radu Țuculescu, *Femeile insomniacului*
Eugen Uricaru, *Plan de rezervă*
Radu Aldulescu, *Îngerul încălecat*
Matei Vișniec, *Dezordinea preventivă*
Mihail Vakulovski, *Tovarăși de cameră. Student la Chișinău*
Felix Nicolau, *Pe mîna femeilor*
Magda Cârneci, *Fem*
Diana Adamek, *Dulcea poveste a tristului elefant*
Octavian Soviany, *Viața lui Kostas Venetis*
Matei Vișniec, *Domnul K. eliberat*
Radu Aldulescu, *Ana Maria și îngerii*
Stelian Țurlea, *Trei femei*

Florin Toma, *Orașul jumătăților de înger*
Marin Mălaicu-Hondrari, *Apropierea*
Maria Manolescu, *Ca picăturile de sînge pe linoleumul din lift*
Cătălin Mihuleac, *Zece povestiri multilateral dezvoltate*
Ștefania Mihalache, *Poemele secretarei*
Constantin Mateescu, *Ramona-Vals. Povestiri din Epoca de Fier*
Ioan Mihai Cochinescu, *Ambasadorul*
Dan Stanca, *Mutilare*
Daniel Bănulescu, *Fugi din viața ta, revoltătoare și slută, în cartea mea*
Cristian Teodorescu, *Medgidia, orașul de apoi*
Șerban Tomșa, *Ghețarul*
Matei Vișniec, *Sindromul de panică în Orașul Luminilor*
Radu Țuculescu, *Stalin, cu sapa-nainte!*
Dumitru Radu Popescu, *Întoarcerea tatălui risipitor*
Radu Aldulescu, *Proorocii Ierusalimului*
Marin Mălaicu-Hondrari, *Cartea tuturor intențiilor*
Daniel Bănulescu, *Cel mai bun roman al tuturor timpurilor*
Eugen Uricaru, *Cît ar cîntări un înger*
Florina Ilis, *Chemarea lui Matei*
Dan Stanca, *Cei calzi și cei reci*
Sebastian A. Corn, *Vindecătorul*
Radu Aldulescu, *Sonata pentru acordeon*
Horia Ursu, *Asediul Vienei*
Radu Aldulescu, *Istoria eroilor unui ținut de verdeață și răcoare*
Radu Aldulescu, *Mirii nemuririi*
Florina Ilis, *Cruciada copiilor*
Florin Toma, *Moștenirea Familiei Bildungsroman*
Radu Țuculescu, *Povestirile mameibătrîne*
Radu Aldulescu, *Amantul Colivăresei*
Matei Vișniec, *Cafeneaua Pas Parol*
Florina Ilis, *Coborîrea de pe cruce*
Eugen Uricaru, *Supunerea*
Florina Ilis, *Cinci nori colorați pe cerul de răsărit*
Cristian Teodorescu, *„Tainele inimii"*

www.polirom.ro

Lector: Mădălina Ghiu
Coperta: Radu Răileanu
Tehnoredactor: Constantin Mihăescu

Bun de tipar: iunie 2013. Apărut: 2013
Editura Polirom, B-dul Carol I nr. 4 • P.O. BOX 266
700506, Iaşi, Tel. & Fax: (0232) 21.41.00; (0232) 21.41.11;
(0232) 21.74.40 (difuzare); E-mail: office@polirom.ro
Bucureşti, Splaiul Unirii nr. 6, bl. B3A, sc. 1, et. 1,
sector 4, 040031, O.P. 53 • C.P. 15-728
Tel.: (021) 313.89.78; E-mail: office.bucuresti@polirom.ro

Tipografia S.C. MEDIAPRINT S.R.L.
Str. Bucureşti nr. 254-256, Călăraşi, 9100058
tel.: (0242)31.12.95, fax: (0242)31.12.95

Contravaloarea timbrului literar se depune în contul
Uniunii Scriitorilor din România
Nr. RO44RNCB5101000001710001 BCR UNIREA